陕西师范大学优秀著作出版基金资助
陕西省教育科学【十三五】规划 2016 年度课题
「亥心素养视角下的小学科学教科书评价研究」（SGH16B008）

苟西营／著

中学科学教材评价
科学探究主题

Science Textbooks Evaluation
of Middle School
Theme on Science Inquiry

科学出版社

北京

内 容 简 介

科学探究已经成为国际科学教育的一种趋势。2016年，《中国学生发展核心素养》总体框架正式发布，其中，科学精神是六大核心素养之一。因此，如何评价科学教材中的科学探究，无论对于新课改，还是科学课程设计及科学教材编写都具有重要的意义。

本书首先在文献分析的基础上，建构了中学科学教材中科学探究的评价指标体系，并在深入访谈的基础上修订和完善了中学科学教材中科学探究的评价指标体系。然后以初中物理教材为例，采用内容分析法对相关教材的科学探究进行了分析，并比较了不同版本教材在科学探究上的差异和特点。最后，通过对使用不同版本教材的学生和教师进行问卷调查，了解了使用不同版本教材的学生的科学探究现状。

本书适合科学教育研究者、教材评价研究者、科学教育教师及对中学生发展感兴趣的读者阅读。

图书在版编目（CIP）数据

中学科学教材评价：科学探究主题/李西营著.—北京：科学出版社. 2016.12
ISBN 978-7-03-051252-9

I.①中⋯ II.①李⋯ III.①科学知识-教材-研究-中学 IV.①G633.72

中国版本图书馆CIP数据核字（2016）第314127号

责任编辑：乔宇尚 / 责任校对：何艳萍
责任印制：张欣秀 / 封面设计：铭轩堂
编辑部电话：010-64033934
E-mail：psy-edu@mail.sciencep.com

科学出版社 出版
北京东黄城根北街16号
邮政编码：100717
http://www.sciencep.com

北京建宏印刷有限公司 印刷
科学出版社发行 各地新华书店经销

*

2016年12月第 一 版 开本：720×1000 B5
2016年12月第一次印刷 印张：12 1/4
字数：200 000

定价：78.00元

（如有印装质量问题，我社负责调换）

前　言

随着世界经济的迅速发展和知识经济时代的到来，2004年，经济合作与发展组织（Organization for Economic Co-operation and Development, OECD）把"创造性"作为21世纪最重要的经济资源和现代劳动力市场中最值得具备的能力之一。世界各国和不同地区都把人才培养，特别是创新型人才培养当作发展经济的突破口。例如，韩国、新加坡和中国台湾地区都把创造性和革新当作教育的中心议题。在我国，党中央和国务院做出了人才强国战略的重大决策，人才强国战略已成为我国经济和社会发展的一项基本战略。《国家中长期教育改革和发展规划纲要（2010—2020年）》指出"要以学生为主体，以教师为主导，充分发挥学生的主动性，努力培养造就数以亿计的高素质劳动者、数以千万计的专门人才和一大批拔尖创新人才"。

为了适应这一挑战，世界许多国家和地区也纷纷掀起了以课程改革为核心的基础教育改革。尤其是2001年，我国实施了新一轮基础教育课程改革（下称"新课改"），《全日制义务教育科学（7—9年级）课程标准》提出"希望学生通过探究来理解科学知识，获得科学技能，掌握科学过程和方法，初步理解科学本质，形成科学的态度、情感与价值观，培养学生创新意识和实践能力"[1]。

科学教材在基础教育改革中扮演着关键角色，是学校科学教育重要的一部分，因此也应该反映改革的这种趋势。本书所指的教材是指狭义的教材，它是连接目标课程和实施课程的桥梁，是潜在的实施课程。Tarr等（2008）指出，

---

[1]　中华人民共和国教育部. 2001. 基础教育课程改革纲要（试行）. http://www.gov.cn/gongbao/content/2002/content_61386.htm

虽然教师在进行数学教学时，受自己的信念、知识及学生等因素的影响，但教材仍是影响教师教学的关键因素之一。所有学校都把科学教材看作该科目材料的主要组织者（Chiappetta，et al.，2007）。教材向学生传递着学生学习科学的定位（Chiappetta，et al.，2007），也就是 Roberts（1995）所说的"课程重点"（curriculum emphases）。根据 Roberts 的观点，课程重点向学生传递着学习该课程的整体目标。高质量的科学教材有利于学生进行和科学家一样的科学探究活动。但国外的研究表明教材中的简单探究任务普遍存在（VanCleave，1997；Whalley，1992），教材中的许多科学探究活动并没有真正反映科学推理的核心内涵，完成这些探究任务所需的认知过程和真正的科学研究所需的认知过程在本质上是不同的，因此需要更接近于真正科学推理过程和认识论基础的新型探究任务（Chinn，et al.，2002）。

那么，我国现行的中学科学教材是否满足新课改对科学探究的要求？真正的科学探究在认知过程上都有哪些特点？科学教材中对科学本质如何表征才更有利于学生进行探究式学习，更有利于老师进行探究式教学，从而促进学生的科学推理能力的发展，培养学生的创造性？本书基于国内外对科学探究的相关研究的分析，建构了中学科学教材中科学探究的评价指标体系，采用量化的内容分析法来评价现行的初中物理教材是否满足课程标准和科学探究的要求，不仅为基于课程标准评价教材提供了新的思路，还为未来的课程设计和教材编写提供了有针对性的建议。

目　　录

第一章

科学教材评价的国内外回顾

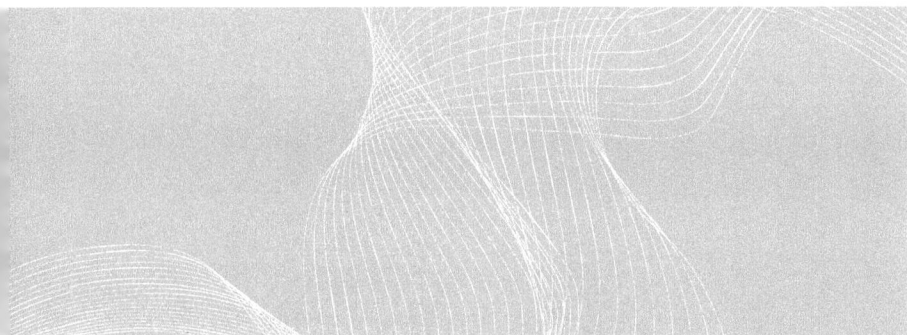

第一节　国际科学教育的发展趋势

一、国际科学教育的发展趋势和现状

自从有科学教育以来，全世界范围共实施了三次大规模的课程改革。第一次是以杜威的进步主义为代表的课程改革，强调课程要以学生和活动为中心。第二次课程改革开始于20世纪60年代。1957年10月，苏联成功地发射了第一颗人造卫星，美国政府和公众开始反思自己的科学教育，并向科学教育提出了培养创新型人才的要求。这次改革仍然是以课程改革为核心，但这次改革的指导思想是精英教育，重点在于革新科学课程的内容。政府和各种基金开始资助学校中的物理、生物和化学等科学课程，科学探究逐渐成为这三门科学课程的重要组成部分。之后，在1961年，美国成立了面向中学的物理科学研究委员会（Physical Science Study Committee，PSSC）和面向小学的基础科学研究（Elementary Science Study，ESS）。第三次科学教育改革开始于20世纪90年代，科学教育的目标转向"大众教育"。1990年美国发起了通过探究提高科学素养和"全民学科学"（science for all Americans）的科学教育改革（AAAS, 1990, 1993; NRC, 1996），并制定了详细的国家科学教育标准。美国的《国家科学教育标准》（National Science Education Standards, NSES）中的"内容标准"涉及如下八个方面：①统一的科学过程和科学概念；②作为探究的科学；③科学与技术的关系；④生命科学；⑤物质科学；⑥地球及空间科学；⑦科学的历史和科学本质；

⑧个人和社会视角下的科学。

国际上许多国家和地区也直接或间接共享全民科学教育的理念，并把探究式科学教学和培养学生的科学素养当作教育改革的主要目标（Abd-EI-Khaiick，et al., 2004a）。例如，英国国家科学课程（National Curriculum for Science, NCS）中提出了科学教育的六个目标：①理解科学概念；②获得科学的方法；③建立科学与技术的联系；④认识科学对社会发展的贡献；⑤理解科学对个人的贡献；⑥理解科学本质。台湾地区在 2003 年公布了《中小学九年一贯课程纲要》，并在 2008 年公布微调后的《中小学九年一贯课程纲要》。这两个课纲在自然与生活科技领域内的内容并无重大改变。新、旧两份课纲都强调"学习科学与技术的探究方法和基本技能是自然领域的课程目标；学习科学就是要学会如何去进行科学探究"[①]。因此，不论台湾地区的新课纲还是旧课纲，都强调自然与生活科技领域的学习要以探究和实践的方式来进行。

2001 年，我国科学教育新课标规定"学生要通过科学探究理解科学知识，学习科学技能，体验科学过程和方法，初步理解科学本质，形成科学态度、情感与价值观，培养创新意识和实践能力"（中华人民共和国教育部，2001a）。并且在《全日制义务教育科学（7—9 年级）课程标准（实验稿）》中以课程总目标的形式给出了科学素养的描述："科学课程的总目标是提高每个学生的科学素养。通过对科学课程的学习，学生要保持对自然现象较强的求知欲和好奇心，养成与自然界和谐相处的生活态度；理解基本的科学知识，掌握一定的基本科学技能，并能用科学知识来解释常见的自然现象，去解决一些实际问题；初步形成对自然现象的整体认识和科学的世界观；提高对科学探究的理解，初步养成进行科学探究的习惯，培养实践能力和创新意识；形成反对迷信、崇尚科学以及用科学的知识和态度去解决个人问题的意识；理解科学技术是第一生产力，初步形成可持续发展的理念，并能理解科学、技术与社会之间的相互影响。"（中华人民共和国教育部，2001a）

综上所述，在各国和地区的科学课程中，科学探究都占有核心的位置，且具有一定的独特性。其独特之处表现为科学探究不仅是教师重要的教学方式，还是学生的学习目标（中华人民共和国教育部，2001b）。这是新课程与传统课程在培养学习目标上最显著的区别。新课程标准希望"学生通过科学探究理解

---

① 资料来源：台湾教育主管部门 2003 年颁布的《中小学自然与生活科技学习领域课程纲要》。

科学知识，学习科学技能，体验科学过程和方法，初步理解科学本质，形成科学态度、情感与价值观，培养创新意识和实践能力"（中华人民共和国教育部，2001a）。因此，根据新课标对科学探究的目标和要求，可以将科学探究划分为"理解科学探究"和"发展科学探究能力"两个部分，有些课程标准还在此基础上增加"实验技能"作为对以上两部分的补充（曾平飞，2011b）。

顾明远（2001）认为后两次科学教育改革的重点均强调科学素养是科学教育的重要培养目标，但两次科学教育改革所强调的科学素养的内涵存在差异。第二次科学教育改革所强调的科学素养包括理解科学的相关知识概念和科学原理，理解科学探究的过程和科学与一般社会文化的关系；而第三次科学教育改革拓展了科学素养的内涵，包括理解科学哲学，即科学本质和科学价值，理解科学与社会的关系，认识科学的发展历史，强调科学与人文、科学与社会，以及科学与技术之间的关系，并认为"20世纪80年代以来的课程改革的重点虽然不在教材上，而是在课程目标和指导思想上。但课程目标总要落实到教材上，并进一步影响教师的教学观念，并引起教师在教学手段、教学过程以及教学方法上的一系列改革"（顾明远，2001）。

因此，后两次科学课程改革及各国的课程标准都强调科学教育要通过科学探究来提高国民的科学素养，并且把科学素养的内涵拓展为不仅包含获得科学知识和理解科学探究的过程，而且包括对科学本质、科学、科技与社会之间关系等的理解。

二、国内外科学探究的研究进展

（一）科学探究的概念

探究学习的思想最早可以追溯到苏格拉底的"助产术"思想、卢梭的"自然教育理论"及杜威的"学生中心，从做中学"的理念，并且杜威的科学探究的五个步骤奠定了后来科学探究相关研究的基础。20世纪50年代，布鲁纳的发现学习概念及后来提出的建构主义学习理论是美国教学改革的中心。发现学习强调教师要向学生提供材料，让学生通过亲自探索从而发现问题的答案。由于一些其他原因，20世纪80年代中期以后，虽然布鲁纳的发现学习不再被美国的科学教育改革所倡导，但发现学习的思想和理念仍然是科学学习和科学教学的重要基础，而且也逐渐成为科学教育的一种重要的学习和教学方式。例如，美国《国家科学教育标准》从幼儿园到 12 年级的内容标准中都有"作为探究的科学"的标准。美国芝加哥大学教授施瓦布于 1961 年正式提出了探究学习的概念。由于费时费力等缺陷，探究式学习受到了一些批评，但随着建构主义学习理论的兴起，以学生为中心，以问题解决为基础的教学思想逐渐被学术界所接受，成为科学探究研究的重要理论基础，而且科学探究不仅限于具体的"动手做"或实验教学，还包括学生基于已有的"前概念"或在已有认知结构的基础上对科学概念的自主探索。因此，探究学习重新又得到了学术界和教育界越来越多的关注。尤其在科学教育中，科学探究已成为学生科学学习的主要方式和教师科学教学的重要理念。

施瓦布认为科学探究是"儿童通过主动参与知识的获得过程，获取研究自然现象所必需的探究能力；同时，形成认识自然现象的基础——科学概念，进而培养学生探索世界的积极态度"（钟启泉，1992）。美国《国家科学教育标准》中对科学探究的界定为"科学探究是指科学家用来探究自然现象并根据获得的证据提出各种解释的各种不同探究方法（NRC，1996）"。科学探究也指学生通过探究活动来获取科学知识、理解科学思想观念，以及理解科学家探究自然现象所用的各种方法。 但作为一种学习方式的学生探究和科学家的科学探究有本质上的区别，学生的探究是在教师指导下进行的，目的是为了获得科学素养、科学探究技能、科学知识和科学态度，是通过模拟科学探究的过程来实现的。国际学生评估项目（Program for International Student Assessment, PISA）对科学素养（科学探究）的界定为应用科学的知识来确定科学问题，得出基于证据的解释和结论的能力，并帮助学生做出关于自然世界的决定，并且对人类的活动进行调整。国际数学与科学趋势研究（Trends in International Mathematics and Science Study, TIMSS）把科学探究能力分为常规程序和探究自然现象两种能力。第一种能力侧重于常规的实验操作能力，包括使用实验仪器、设备和计算机，常规的实验操作、收集数据、分析和呈现数据，以及对数据进行解释；第二种能力侧重于探究能力，包括发现要探究的问题、设计探究计划、进行探究、解释数据、从数据中得出结论。英国教育与科学部的学业评价部（Assessment of Performance Unit, APU）将科学探究看作一种特定情境下的问题解决"活动"，认为探究中使用和获得的探究技能与对科学概念的理解是密切联系和相互作用的。科学探究是一个基于问题解决、反思评价所获证据的有效性和可靠性，并根据探究结果不断调整和改善的一种过程（钟媚，2010）。张建伟和陈琦（2001）认为科学探究是基于学生或科学家的科学推理（scientific reasoning）活动，从而实现的对知识的建构的过程。Rutherford 和 Ahlgren（1990）认为科学探究是指进行科学研究时所从事的活动，即科学家利用自己已有的科学概念、理论、规则和定律等知识，去构建对自然界和各种事件新的解释的过程。杜秀芳（2009a）对科学探究的界定进行了总结，认为"①科学探究是指学生的一种学习方式；②学生的科学探究和科学研究的一般过程是相同的，具体包括发现问题、设计调查方案、进行实验操作、获取数据以及分析数据得出结论等过程性活动；③探究的内容就是科学问题，学生科学探究实质就是解决科学问题"。

通过以上对有代表性的科学探究概念的分析发现，科学探究是一个复杂的概念，不同学者的界定存在分歧。其分歧主要表现如下：①科学探究是指科学探究的一般过程（科学探究能力）还是对科学探究过程的认识（科学本质），抑或是二者的有机结合；②科学探究过程包含哪些要素（表 1-1）；③学生的科学探究和科学家的科学探究内涵是否相同。

表 1-1　不同学者提出的科学探究的要素总结

科学探究要素 ＼ 学者	Dewey（1933）	Schwab, Brandwein（1962）	Herron（1971）	Trowbridge, Bybee（1986）	Martin-Hansen（2002）
提出问题	◆	◆	◆	◆	◆
形成假设			◆	◆	◆
设计实验			◆	◆	◆
分析数据	◆	◆	◆	◆	◆
解释结果		◆	◆		◆
验证假设	◆			◆	◆
提出理论	◆	◆	◆	◆	◆

（二）关于科学探究认知过程的模型

1. 双重空间搜索的科学发现模型

双重空间搜索的科学发现模型是由 Klahr 和 Dunbar（1988）提出的，该模型认为科学探究和问题解决具有相同的信息加工机制，是在指导下对两个问题空间的搜索。具体来说，科学探究是一种双重搜索的过程（scientific discovery as dual search），这种双重搜索发生在两个相互联系的问题空间——假设空间（由学习者提出的所有可能成立的假设构成）和实验空间（由学习者设计的所有实验在记忆中的映射集所构成），同时搜索过程在先前的知识和先前的实验结果的指导下进行。而科学探究学习与一般的问题解决过程最主要的区别就是科学探究在两个问题空间中的双重搜索特征（陈刚，等，2010）。

Klahr 和 Dunbar（1988）将科学探究的认知过程分为三个子过程：搜索假设空间、检验假设（实验空间的搜索）和评价实验证据。假设空间是由学习者在探究活动中所提出的各种不同但可能成立的假设所构成，个体利用已有的知识来逐渐缩小（限制）假设空间，对假设空间搜索的结果最终形成正式的假设空间（由充分论证的假设组成），为下一步进行假设检验提供必须的信息输入。要检验假设就要设计合理的实验，具体包括制订实验方案、进行预实验和运行实验。假设检验的结果又成为下一步评价证据阶段的必需输入。评价证据是指把实验中得出的结果和假设进行比较，从而作出接受、拒绝或者继续现有的假设的决定。该模型强调科学探究的阶段性，并对双重搜索的复杂性和循环性进行了较为详细的阐述，Klahr 和 Dunbar 也通过编写计算机程序验证了大学生的科学探究过程，证明了模型具有一定的合理性。

Klahr 和 Dunbar（1988）认为科学探究是对假设空间和实验空间（自己记忆中的解释和实验）的联合搜索。该搜索受特定领域已有知识和前人实验结果的引导。设计实验的目的是检验假设，当有替代假设提出时，能区分二者。为了做到这一点，必须能预测可能的实验结果，并承受接受或拒绝假设的压力。证据评价阶段，通过对理论和证据的协调和分化，根据已有知识（理论）去组织和解释经验。科学问题解决要求意识（元认知）到理论和证据需要分别进行编码、表征和评价（分化）。没有元认知，不可能搁置判断及评价证据是否和理论一致，从而判断其理论是否错误或考虑替代理论（协调），因此，元认知在证据评价中起核心作用（Kuhn，et al.，1988）。

图 1-1 为双重空间搜索的科学发现模型图。

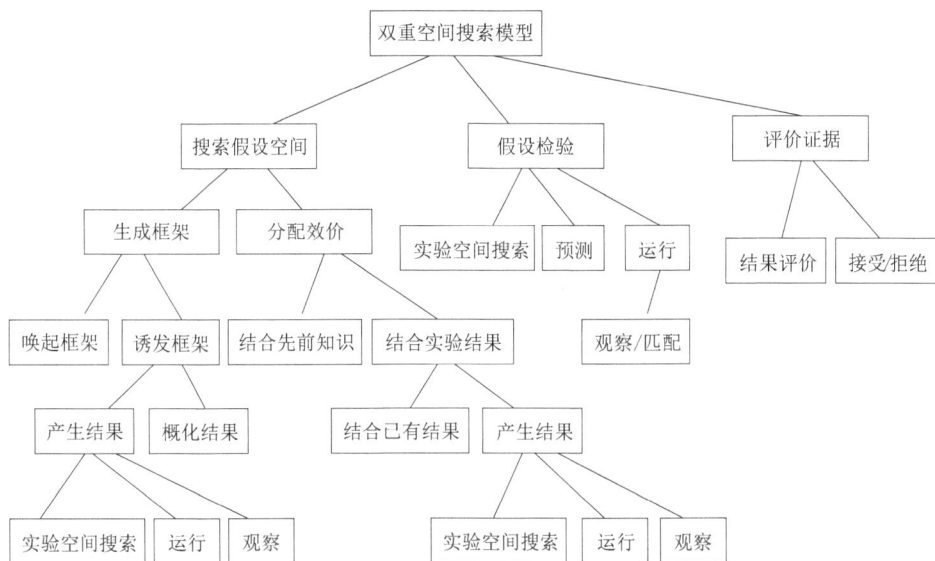

图 1-1 双重空间搜索的科学发现模型图

2．Kuhn 的模型

Kuhn（2000）提出了一个有关探究活动中元水平和执行水平之间关系的模型。该模型认为科学探究在元水平和执行水平两个水平上分别展开。在执行水平上，探究过程包括诸多阶段，具体包括形成假设、验证假设、评价证据和修正假设四个阶段，其中认知策略是探究活动的中心；在元水平上，元知识对执行水平上的认知策略具有促进作用。元水平的知识可以分为程序性知识和陈述性知识，程序性元知识包括有关任务和策略的知识，它操纵任务和策略。陈述性元知识的功能是向智力价值报告关于知识获得的每一阶段，并影响智力价值及从事智力活动的倾向和智力表现（杜秀芳，等，2007）。该模型不仅强调探究活动的阶段性，而且还强调个体的元认知能力在探究的每一个阶段中的作用和价值，例如，在评价证据时，学生先前的信念或所持有的理论会与新的证据进行交互作用，影响这种相互作用的关键成分是元认知。此模型强调科学探究过程的影响因素（主要是元认知能力），并对元知识在探究中的作用进行了详尽的分析，认为元水平能从多个方向影响探究的多个执行阶段，反过来，执行水平的反馈又提高了元水平知识，如此循环下去。

图 1-2 为 Kuhn 模型元水平相关示意图。

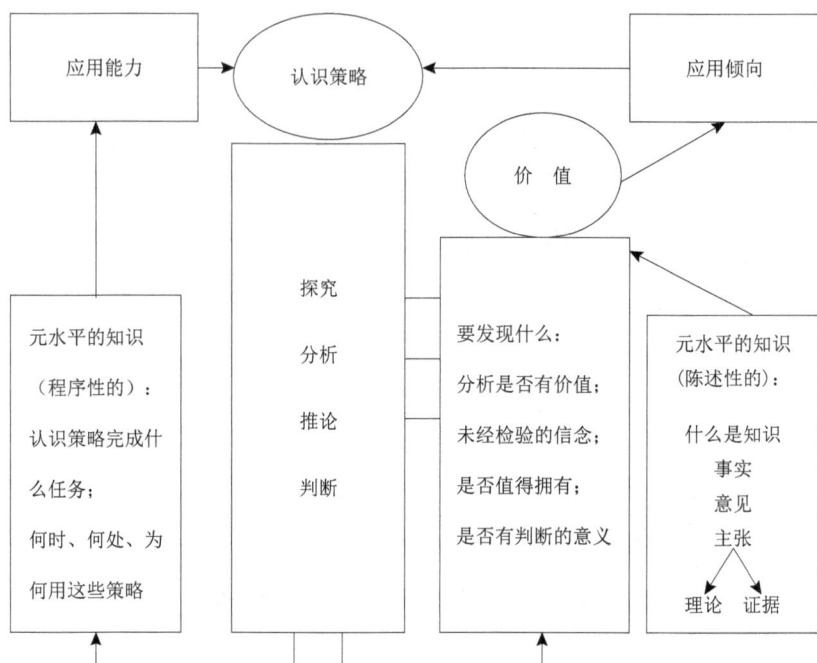

图 1-2　元水平的能力和倾向对探究过程的影响（转引自杜秀芳，2009b）

3. Sloman 的双过程模型

Sloman（1996）提出的双过程理论关注证据和理论融合的内部认知加工机制。该模型认为科学决策和推理依赖于个体的两种信息加工系统：启发式加工系统和分析加工系统。分析加工系统是受意识控制的，并依赖于个体的科学推理能力。通常认为该加工系统都能获得正确的决策，但需要花费的心理能力和时间较多；而启发式加工系统是无意识和主观的，不会受到科学推理能力的影响，但这种加工是基于刻板印象的。尽管这两种加工系统相互依赖，但问题情境决定了谁会占优势。例如，在评价证据时，当证据和已有信念有关系时，就会激活个体已有的信念，如果该证据和已有信念一致，就会激活启发式加工，已有信念会同化该证据，这时的决策是基于个体已有的信念。但如果获得的证据和个体已有信念不一致，可能会启动两种加工系统，分析加工系统对证据的拒绝是基于科学推理进行的；而启发式加工系统会对证据不假思索地自动拒绝。该模型与其他模型的不同之处在于，该模型并不关注科学探究的所有阶段，只是对证据评价阶段的内部加工机制进行了深入探讨。

　　Sloman 的模型是理论驱动的科学推理模型（杜秀芳，2009b）。另外，还有研究者也提出了一些观点，例如，VanJoodingen 和 Jong（1997）把科学探究过程划分为转化和监控两个过程，转化过程就是一般意义上所谓的科学探究阶段，而监控过程包括自我确认、自我计划和自我监视等，其作用类似于元认知能力；张建伟和陈琦（2001）认为科学探究就是基于科学推理活动而进行的知识建构过程，包括形成问题表征与生成假设、实验检验及自我监控和反思概括等过程，除了强调科学探究的阶段性，也关注自我调节（元认知）在探究过程中的作用。

　　图 1-3 为 Sloman 的双过程模型图。

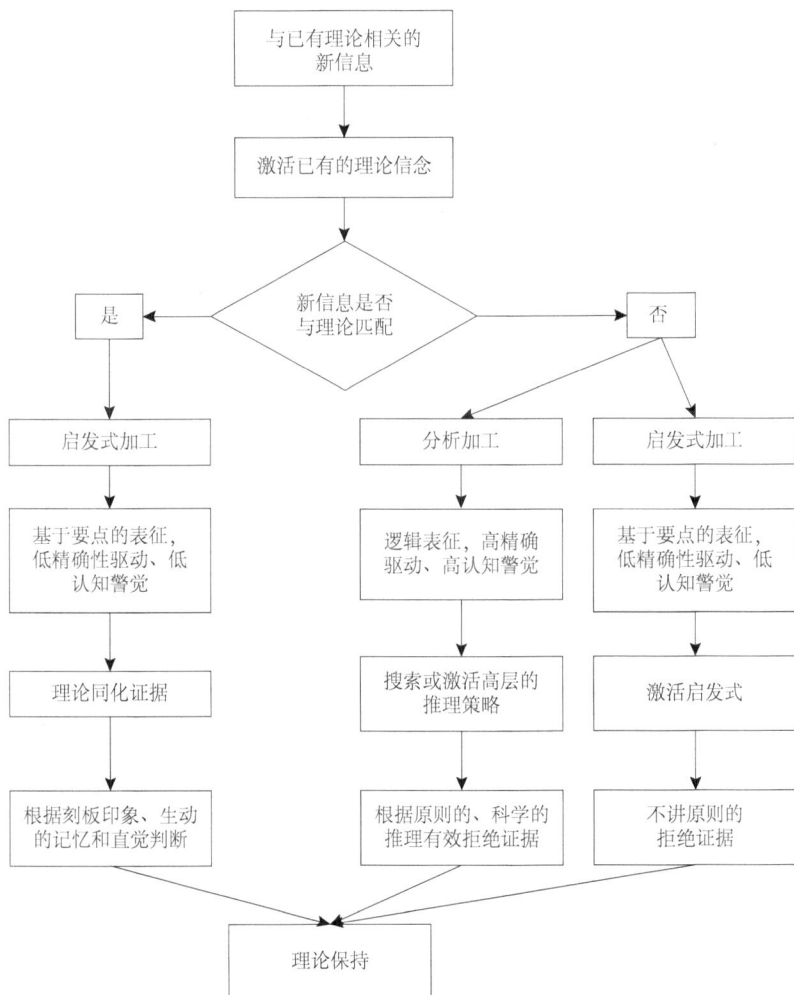

图 1-3　Sloman 的双过程模型图

4. 杜秀芳的模型

杜秀芳（2009b）认为"科学探究是一种典型的认知活动，它和一般问题解决过程的信息加工机制相同，包括一系列的认知加工阶段，并且认为认知策略是科学探究活动的核心，科学探究是一种典型的知识建构活动，影响因素主要是相关的个体变量"。

杜秀芳（2009b）认为科学探究是一种高级的问题解决过程，具体包括科学探究的基本过程（认知过程）、影响探究过程的个体因素及科学探究的策略三个独立的成分。科学探究的认知过程（基本过程）又包括对科学假设空间的搜索、实验空间的搜索及证据评价三个阶段；科学探究是一个高级问题解决过程，因此，每一个阶段都需要相应的认知策略才能实现，这些认知策略才是科学探究过程的核心。影响科学探究的因素很多，其中主要的个体因素包括科学认识论信念、科学的态度和推理能力。推理能力是认知领域的因素，科学的态度是情感领域的因素，而认识论信念是元认知领域的因素。并认为科学认识论信念作为科学探究的一般背景性影响因素，既能直接影响科学探究，又通过科学态度间接影响科学探究。

Simon 等（1981）也明确指出科学探究过程的实质就是问题解决过程，科学探究具有和问题解决相同的认知加工机制。Klahr 和 Dunbar（1988）提出的科学探究双重搜索模型也把科学探究当作问题解决过程，并根据信息加工论的观点对这种特殊的问题解决过程进行了深入细致的分析。

但是科学探究和一般的问题解决并不完全相同，也存在一些差异。从探究的内容来看，科学探究的问题专指科学意义上的问题；从认知活动来看，科学探究的过程主要涉及科学推理和科学思维等认知活动；从问题空间的性质来看，科学探究主要是实验设计时对实验空间的搜索，以及证据评价时对问题空间的搜索，而且在上述不同的问题空间搜索阶段需要的认知策略也不同，但都至少涉及实验设计策略和证据评价策略。因此，杜秀芳认为科学探究在本质上是一种高级的问题解决活动（杜秀芳，2009b）。

第二节　科学教材评价的发展趋势

一、教材和教材评价的内涵

（一）教材的内涵

研究所指的教材（textbook）是指狭义的教材（有时也称为课本），它是连接目标课程和实施课程的桥梁，是潜在的实施课程。

（二）教材评价的内涵

邝丽湛（2002）认为教材评价的含义归纳起来主要有以下几种：第一种观点认为教材评价在本质上是衡量教材对实现教育目标过程的有效程度；第二种观点是吸收了"教育评价是利用所有可行的评价技术来评价教育所期望的一切效果"的观点，将教材评价视为对教材的测验和测量；第三种观点是把斯塔弗尔比姆和科龙巴赫的教育评价的定义迁移到教材评价领域里，把教材评价看作是收集与提供资料，从而让决策人员从事有效决策的历程；第四种观点将教材评价看作评价主体对"教材价值的判定"。

观点一把教材评价当作衡量教材在实现教育目标的过程中的有效程度，这一界定具有一定的合理性。因为当进行教材评价时把教材的功能与教育目标进行比较是经常的，也是必须的。但这种观点只能对已完成的行为给予评价，并没有把教材实现教育目的程度的过程纳入评价视野。事实上，教材评价并不仅仅局限于获得一个结论，并把它提供给中央或地方教育行政部门、学校校长和教师、教材编写者及出版单位作为决策的依据或改进工作的参考，更重要的在于通过资料的收集和分析比较过程，通过与校长、教师及学生的相互沟通，通过了解教材的实际使用情况及存在的问题，向学校、教师和学生反馈意见，从而促进教师教学水平的提高和学生的发展。可见，教材评价从本质上来说更强调过程性。观点二将教材评价看作对教材的测量或测验，这实际上是把教材评价与教材测量或测验等同起来。教材评价与教材测量或测验的确密切相关，教材评价的过程常常要借助于一些测量或测验手段，但二者并不完全等同。观点三把教材评价视为收集与提供资料并让决策人员进行有效决策的历程。这虽然也强调收集与提供资料在教材评价过程中的重要性，但教材评价的过程并不仅仅是一种收集与提供资料的过程，更重要的是教材评价主体对教材进行价值判断的过程。邝丽湛（2002）认为以上前三种观点都没有揭示教材评价的本质，因为评价本身就是一种价值判断过程，所以只有第四种观点才反映了教材评价的本质。

根据以上对教材评价含义的分析及研究的目的，我们把教材评价界定为"评价主体为了衡量教材在实现教育目标的过程中的有效程度而对教材进行价值判断的过程"。

二、国内外科学教材评价的研究进展

由于教材在教学过程和教学效果中扮演着重要作用，国内外学者对教材评价进行了大量研究，但总的来说，可以分为两大类：一是整体的质性分析。类似 Project 2061 的教材评价程序，首先要求被试判断教材在某些方面满足的程度，最后根据被试的判断对教材做出整体上的评价。二是基于主题的量化分析。该类分析主要采用内容分析法或潜在语义分析法，首先根据研究目的或教育目标构建量化分析的概念框架（分析的主题或多个主题构成的主题系统，也就是研究所说的评价指标体系），然后基于概念分析框架对教材的内容进行内容分析，从而确定教材符合该概念框架的程度。该量化分析程序提供了一个更可靠、更清晰的方式来描述"哪些内容"包含在教材或其他课程材料中，即内容分析或潜在语义分析的本质是一种解释（Babbie, 1998）。

（一）整体评价的质性研究

Hartley（1994）认为选择或评价教材应该考虑三个问题：教材满足教学目标的程度、教学材料覆盖的广度和深度及教材需要补充的程度。Singer 和 Tuomi（1999）强调以下几个问题：①教材是否支持课程顺序和范围；②教材是否考虑到了科学课程发展的历史；③是否提供了足够的课外阅读材料来满足不同水平的学生，使其都能从中受益；④教材中是否包含有意义的调查项目；⑤教材是否有助于教师选择不同主题呈现的顺序；⑥教材内容是否表述清晰；⑦教材的内容是否有趣；⑧教材是否包含实验练习。McKeachie（1994）认为最适宜的教材应该是插图和内容具有一致性、图表清晰及有助于发展学生的批判性思维。Kirk 等（2001）认为最好的教材应该具备以下几点：①能全面反映出学生的阅读水平；②能够全面吸引学生的注意；③教材的所有任务适合所有学生独立完成。Thompson 等（2001）建议教材应该适合学生的阅读水平和动机、教师的期望和学生学习负担及花费。Schultz（1989）认为好的教材应该使大多数学生更快乐，至少使一半以上的学生学得更好，符合学生的水平；尽可能使所有章节和主题的安排由易到难，符合学生的期望；教材中的例子应该是符合逻辑的。

Ogan-Bekiroglu（2007）回顾和总结了相关文献，认为选择教材的标准包括内容、可读性、组织性、插图、解释和成本，并进一步指出物理教材的标准包括物理特点（14）、内容（37）、解释和语言（9）、活动（21）、教学支持（21）、组织（16）和插图（13）等 7 大类 131 个标准。Ogan-Bekiroglu（2007）根据以上标准编制了相关问卷对高中物理教材进行了研究，分析发现，对于有效的物理教育而言，土耳其的物理教材存在不足，未来在教材改进方面，需要提供额外的标准。

美国国家科学基金会和全美数百名教师及教材开发者、教材编写者、科学家、大学学科教学法教授和认知心理学家经过三年的共同努力，以"全面提高学生的科学素养"为评价目标，以《国家科学教育标准》和《科学素养的基准》为教材评价的理论依据，研制开发了"2061 项目教材评估工具"，该教材评估工具包括内容分析（content analysis）和教学分析（instructional analysis）两个部分。评估者根据这两个方面来判断教材在多大程度上符合标准。教材的内容分析维度主要用来评估教材是否涵盖了《科学素养的基准》规定的核心科学概念。教材的内容分析维度仅仅揭示了教材是否包含了课程标准的核心科学概念，而至于教材是否包含了相关的教学策略来帮助学生学习这些核心科学概念，则还要通过另一个维度即教材的教学分析维度来进行评估（邓可和刘恩山，2009）。"2061 项目"在相关研究的基础上开发了一套对教材进行教学分析的评价标准。标准共分为七类，每类分析教学策略的一个具体方面，并且每个评价标准包括具体的评价指标。教材的教学分析维度主要用来分析教材是否包括了相关的教学策略来帮助学生学习这些核心的科学概念，又具体包括明确学习目标，了解学生的观点，使学生关注相关的现象，促进学生对现象、知识和活动进行思考，发展和使用科学观点，评价学生的进步及学习的环境（张颖，2009）。

Aycan, Kaynar, Türkogbreveuz 和 Ari（2002）从物理特点、教学法、视觉形式和语言特点等角度分析了土耳其教材，发现存在许多错误。土耳其高中生物教材中也存在视觉形式上的不足或不兼容（Özay, et al., 2007）。Gönen 和 Kocakaya（2006）调查了高中物理教师，发现大部分教师认为物理教材存在不足，主要在于缺乏要解决的物理问题、物理课程和土耳其国家大学入学考试之间的不一致以及内容陈旧。

国内的学者王守江（2002）提出的高中物理教材评价指标体系包括知识内容、教育性、能力培养、体系结构、适应水平、非智力因素培养以及技术水平等 7 项一级指标，31 项二级指标。并采用量化的方法分别对一、二级指标进行了赋值。丁朝蓬（2000）提出的教材评价指标体系，包括教材内容组织的评价标准、教材内容选择的评价标准、内容呈现与表达的评价标准和教材目标的评价标准。高凌飚（2007）认为教材评价维度的确定是根据对教材的认识和功能定位来确定的，并提出了教材评价的六个基本维度，分别是心理发展规律维度、可行性维度和特色、知识维度、思想文化内涵维度、编制水平维度及其导向维度，并根据不同学科性质分别编制相应的评价工具对教材进行评价（高凌飚，2000）。

（二）基于主题评价的量化研究

对科学教材的量化评价涉及对各种主题的分析，例如，性别平等（Elgar, 2004），问题水平（Pizzini, et al., 1992），科学词汇量（Groves, 1995），内容准确性（Hubisz, 2003），生物教材中是否纳入了科学本质（Chiappetta, et al., 2007; Irez, 2009）和化学教材中是否纳入了科学本质（Abd-EI-Khalick, et al., 2008; Niaz, 2005），以及教材中的错误概念（King, 1991）。这些评价都是基于某个主题（Chiappetta, et al., 1989; Ogan-Bekiroglu, 2007），这些主题性评价能更深入地探讨某个主题方面的内容，不必使用具体的量表，主要采用基于概念框架的量化内容分析法。

Hubisz（2003）认为美国学校使用的最流行的物理教材，在内容方面不正确，充满了错误。质问是探究式科学学习的核心，NSES 附录中把科学定位的问题看作课堂科学探究五个本质特征中的第一个。在探究式学习活动中，关注的焦点是通过科学调查能回答的问题，或这些问题能够引导科学调查（NRC，2000）。教材中的问题根据认知水平分为输入（input）、加工（processing）和输出（output）三类，输入问题要求学生回忆相关信息，加工问题要求学生分析信息之间的关系，输出问题超越了这两个水平，要求学生以新的方式加工信息从而产生新的想法和创意。真正基于探究的教材毫无疑问应该包括更多数量的输出问题，基于探究的科学教材应该提出令人感兴趣的问题从而促使学生收集和组织数据，使他们卷入教学过程中，成为一个积极的学习者。根据对教育目标认知领域的分类，要想促进学生获得较高水平的认知技能，需要提出较高水平的问题。输入水平的问题能够改善认知技能，以及理解水平的技能。加工问题能改善应用和分析水平的技能，而输出水平的问题能改善综合和评价水平的技能（Guba & Lincoln, 1989）。

Pizzini 等人分析了八种常用的中学科学教材中所提问题的认知水平，发现输入水平的问题是一种低水平的认知问题，占据着教材，而思维技能水平较高的认知问题才是基于科学探究教材所需要的。因此，教材中的问题或学生提出的问题需要反映高级的思维能力。他们认为如果教材过多采用输入水平的问题，就会引导学生去学习文本性质的信息而不是概念理解。他们建议需要给学生机会去应用、分析、综合和评价从课堂中获得的信息，这是为了建构活动的意义，从而获得高等级的思维技能。因此，只有科学教材中高级认知水平的问题才能反映科学探究活动的本质。（Pizzini, et al., 1992）

Groves（1995）分析了科学教材中的科学词汇量，认为教材过分强调专业术语，可能误导学生对科学本质的认识，鼓励学生死记硬背。教材中的科学术语过多可能鼓励学生死记硬背而不是理解（Kahveci, 2010）。教材中过多的科学术语让学生把科学看作是需要记住的固定不变的知识体（Groves, 1995），从而潜在地阻碍了科学地探究式教学。探究式的科学教学要求学生花费时间去操作各种仪器和材料做实验，这就比传统的课堂需要更多的时间，正如 Chiappetta 和 Collette（1989）所言"学生失去了一些东西，但获得的是对科学探究本质的理解"。

Abd-EI-Khalick 等（2008）对美国高中化学教材中的科学本质进行了分析，发现过去四十年来，化学教材中对 NOS 表征不足的现状改变甚微。Chiappetta 和 Fillman（2007）分析了美国的五本生物教材发现，和 15 年前的生物教材相比，这些教材中包含了更多的 NOS 主题。

第三节 科学教材中科学探究评价的价值和意义

一、我国科学教育中存在的问题

前面详细介绍了目前国际上科学教育的最新趋势就是强调科学探究的重要性，介绍了我国新一轮课程改革响应国际科学教育的趋势，在科学课程标准中提出探究既是学生科学学习的目标又是一种学习和教学方式，并列举了与其相关概念的内涵，综述了科学教材评价和科学探究的相关研究进展。这些研究对我们后续的研究具有非常重要的借鉴意义，但也存在一些问题和不足，有待进一步深入探讨。

（一）我国公众的科学素养有待提高

第三次科学教育改革的核心是通过探究式学习和教学来提高全民的科学素养，而我国国民的科学素养状况怎样呢？

中国科学技术协会借鉴国际通用的科学素养指标体系和调查方法，分别在 1992 年、1994 年、1996 年、2001 年、2003 年和 2005 年进行了六次全国范围（不包括港、澳、台地区）的科学素养调查。2003 年，我国公众的科学素养水平为 1.98%，比 2001 年的 1.4% 增长了近 0.6 个百分点，比 1996 年的 0.2% 提高了近 1.8 个百分点。而最新的调查结果（2010 年中国科学技术协会进行的调查）表明我国具备基本科学素养的公民比例是 3.27%。虽然我国公众的科学素养结束了长期停滞不前的局面，开始出现逐步增长的趋势，但是和发达国家相比，仍处于落后地位（何薇，2004）。从国外来看，2000 年，美国公众的科学素养水平为

17%；1992 年，欧洲共同体的科学素养水平为 5%；1989 年，加拿大的科学素养水平为 4%；1991 年日本公众的科学素养水平为 3%。

世界经济论坛 2012 年 9 月 5 日在日内瓦和伦敦同步发布了《2012—2013 年全球竞争力报告》，中国的排名情况在经过数年稳定上升后，2012 年下降了三位，在全球 144 个经济体中，排名第 29 位。总体来看，中国的科技竞争力仍处于较低水平，基本上与印度持平，不敌韩国，远远低于美国、日本等发达国家。

张增一（2005）认为我国公民科学素质的现状可以概括为以下两个方面：①我国公民的受教育程度整体上依然较低，导致民众科学素养总体不高。②我国公民的科学素养分布严重不均衡，主要表现为城乡差距和地区差距两方面，这导致科学素养的差异性较大，低科学素养人群的比重大。从总体上看，我国民众科学素养普遍偏低，人才供给总量相对不足，人才结构不合理，不仅高层次科技人才严重紧缺，专业科学技术人才和熟练技术工人也不能满足社会发展的需求，这已经成为制约我国全面建设小康社会和实现现代化强国这一目标的一个最大"瓶颈"。因此，我国要全面建设小康社会，就应该把提高全民科学素养放在最优先和最重要的地位。

为了提高我国全体公民的科学素养，党和国家先后制定并出台了一系列法规和政策。2006 年国务院颁布了《全民科学素质行动计划纲要（2006—2010—2020 年）》，从国家层面上确定了我国公民科学素养的中长期目标为"到 2020 年，科学技术教育、普及与传播有长足的发展，形成较为完善的公民科学素养建设的组织实施、条件保障、基础设施、监测评估等体系，我国公民科学素质在整体上有大幅度的提升，达到世界主要发达国家 21 世纪初期的水平"。为了实现上述纲要中的科学素养的中长期目标，中国国务院制定了为期五年，包括提高未成年人科学素养在内的重点人群科学素养行动计划。《国家中长期教育改革和发展规划纲要（2010—2020 年）》也指出"要以学生为主体，以教师为主导，充分发挥学生的积极主动性，努力培养造就数以亿计的高素质劳动者、数以万计的专门科技人才和一大批拔尖创新科技人才"。但要把这些纲要中的目标落到实处，有许多工作要做，其中，科学教育具有不可替代的作用。

（二）科学教育中科学探究有待加强和改善

基于科学探究的科学教育已经成为一种国际趋势。以通过科学探究来提高全民科学素养为目标的科学教育改革开始于美国（AAAS, 1990, 1993; NRC, 1996），其他许多国家也逐渐效仿美国把基于科学探究的科学教育作为科学教育改革的主要部分之一（Abd-EI-Khalick, et al., 2004a）。但最近国外的研究表明，探究式的科学教育并没有显著提高学生高层次的科学探究能力（Shymansky, et al., 1992），也没有改善学生对科学本质的理解（Abd-EI-Khalick, 2005; Abd-EI-Khalick, et al., 2004b; Bianchini, et al., 2000; Bora, et al., 2006; Khishfe, et al., 2002）。我国科学教育中科学探究的情况又如何呢？肖显静（2002）认为我国的科学教育成了浓缩了的科学知识教育。重科学、轻技术，重科学知识、科学思想，轻科学方法和科学态度，重科学理论、轻科学实验，重科学理论难题的解决、轻实际日常问题的处理。这必然造成我国科学教育的精神层面、社会层面和技术层面的失落，导致我国中学生高分低能，不能从历史和社会文化的角度理解科学。这既影响了他们的科技创新，也影响了他们在今后的日常生活中更好地应用科学的观点来看问题。中国科学院（2001）一项调研报告认为中国科学教育过于强调向学生灌输科学知识，忽视对学生科学精神和科学方法的培养。马宏佳（2005）的一项调查发现我国学生把科学看成是科学知识的累积体，而不认为科学是涉及科学知识、探究知识的过程和科学精神三方面的综合体。

为什么探究式的科学教育并没有达到预期的效果呢？ Burbuler 和 Linn（1991）认为造成该现状的原因在于传统的课堂环境对于科学本质的表征与科学想法的形成过程所提供的解释并不正确。在传统的课堂教学中，学生只关注验证非常肤浅的科学想法，却没有给学生提供足够的机会去有意义地构建对这些科学想法的理解。Linn（1992）进一步指出传统课堂学习会让学生错误地认为科学只是一堆用来记忆的事实知识，而不是需要有证据支持的科学原理和理论。事实上除了科学教材中的知识"过时"外，在实际的课堂教学上，很多教师也常常无法描绘真正的科学所具有的特征（Garofalo, et al., 1992）。因为大部分科学教师认为科学教育就是将科学的事实性知识呈现得更真实而非想象，或仅仅是教导学生如何去验证科学知识的正确性。毋庸置疑，许多因素影响科学教育的效果，而 Tamir（1991）认为，大多数科学教师不能有效地进行科学教学，除了教师的教学习惯之外，其主要原因是受限于食谱性的教学内容，即往往要求学生依据教材或老师的规定，采用给定的步骤和方式，去验证书本上记载的事实或自然现象，但是真正的科学探究不仅包含对科学教材中科学知识的验证，更应该包括科学家是如何发现这些知识的探究过程（Duschl, 1990）。

过去近半个世纪，世界各国科学教育改革的焦点是改善科学教学，从而使学生更好地理解科学本质（Nature of Science，NOS）（AAAS, 1971, 1990; Millar, et al., 1998; NRC, 1996）。对 NOS 的理解被当作大学前科学教育的重要任务和重要结果，科学本质也是科学素养的核心成分（AAAS, 1990; NRC, 1996）。NSES（NRC, 1996）建议教师可以利用学生的实际探究经验、个案研究和科学历史小故事，让学生理解科学探究不仅仅是通过观察和实验以及根据实验结果来提出数学模型或理论模型来解释观察到的自然现象，更应该理解不同科学家由于经验不同对证据的解释或理论的思考可能会持不同的观点，也可能公开发表互相矛盾的实验结果，甚至基于相同的数据得出不同的研究结论，并且在一般情况下，科学家都会承认这些矛盾，并且努力去寻找证据来解决这些争论，从而推动科学的进步。也就是说，科学家的科学探究还应该包括对科学探究结果、观察、实验设计、理论模型以及其他科学家的解释进行评价和反思。至于如何对这些解释或理论进行评价和反思，NSES 也做出了如下说明：评价和反思包括反思实验过程、找出推理错误、检验证据、找出超越证据支持的过度推论以及对相同的观察提出替代性解释。NSES 还指出不同科学家可能会对观察到的自然现象的解释、数据的解释、竞争理论的评价持有不同的见解，但科学家也要容忍其他研究者的质疑、响应批判以及公开沟通，这也是科学探究不可或缺的过程，而这些学术上的争论和质疑最终会通过科学家的互动而解决，科学知识和理论也因此有了新的进展（NRC, 1996）。

许多学者都认为对科学本质的理解是具有科学素养公民的重要特征之一（王静如，2001; AAAS, 1989; Lederman, et al., 1987）。Duschl（1990）认为合理的科学学习过程，应该包括让学生从科学史和科学发展的角度去理解目前的科学知识是如何形成的过程，而不仅仅是告诉学生什么是正确的科学知识。因此，科学教育的目标不只是把许多的科学概念"填塞"给学生，而是让学生获得科学家的思考历程、对科学概念之间的关系以及科学本质等获得更深刻的认识和思考，科学教育的目标包括通过在科学探究活动中提升学生对科学本质的理解，从而达成科学教育的全面目标（翁秀玉，等，1997; Collette & Chiapetta, 1994）。Schwartz, Lederman 和 Crawford（2004）认为科学素养不仅仅包括科学知识的获得和学会进行科学探究的方法，学生理解科学探究的方法和原则（即科学本质）才是科学教育的核心，因为只有经历类似于科学家的科学探究过程，才有助于学生获得科学知识，学会进行科学探究的方法和过程，并最终理解科学本质的内涵。

　　Wilson（1954）的研究发现学生普遍认为科学知识是绝对的，科学探究的目的就是揭示自然现象的规律和真理。Klopfer 和 Cooley（1963）的研究发现高中生对科学本质的理解不足。Rubba 的研究发现 1/3 的高中生认为科学探究就是去揭示那些绝对的科学真理。最近的研究也发现大多数科学教师和学生仍对 NOS 持朴素观（Abd-EI-Khalick, 2005; Abd-EI-Khalick, et al., 2004b; Bianchini, et al., 2000; Bora, et al., 2006; Khishfe, et al., 2002）。造成这种结果的原因很多，例如，NOS 本身的复杂性以及教师自身的因素等，但其中一个重要因素是教材对 NOS 的表征方式。Garcia（1985）以科学素养为评价目标对地球科学教材进行了分析和评价，发现美国地球科学教材中对科学本质的表征严重不足。Chiappetta 等（1991），以及 Lumpe 和 Beck（1996）对科学教材中 NOS 的表征的研究发现，科学教材主要关注科学的内容知识，过分强调科学术语，而对科学、技术与社会的关系（STS）和科学是一种思维方式的关注不够。Abd-El-Khalick 等（2008）对美国 40 年来的高中生物教材进行了分析，结果发现美国高中生物教材对 NOS 的表征明显不足，并且 40 年来没有明显的改善。Abd-El-Khalick 等（2008）认为科学本质（NOS）属于广义认识论的维度，而不是科学过程技能（SPS），二者有一定的关系，但并不相同。科学过程性技能包括基本过程性技能和整合过程性技能，是认识论的具体行动过程。但正如 Kuhn（2001）所说进行科学调查的过程并不需要对认识论的理解，例如，观察是一种基本的科学过程。学生和科学家都能进行多种水平的观察以及能利用多种观察仪器进行观察，但是理论驱动观察的概念属于 NOS 的范畴，进行观察并不必然能使观察者领悟或构建到观察的理论驱动的本质。因此，对教材进行分析需要对 SPS 和 NOS 进行区分，因为这两者不会自动互相替代。

　　从以上的论述来看，传统科学探究的教学和学习效果并没有达到新课改科学课程标准和科学教育改革的相关要求，究其原因可能是多方面的，例如教师的教学习惯、科学认识论、对探究式教学的相关信念（如自我效能感）；学生对科学探究的认识；应试教育的考试制度等。但正如前面所述，由于科学教材在教学中的重要作用，如果科学教材的编写不适合教师进行探究式教学，不适合学生进行科学探究式学习，那么教学效果就可想而知了。例如，Chinn 和 Malhotra（2002）认为教材对科学课程有重要的影响，但教材中简化的探究任务普遍存在（VanCleave, 1997; Whalley, 1992）；Chiappetta 等（1991），以及 Lumpe 和 Beck（1996）对科学教材中 NOS 的研究发现，教材主要关注科学的内容和过分强调科学术语，对科学是一种思维方式和科学、技术与社会的关系（STS）的关注不够。

二、科学教材中科学探究评价的前提

（一）科学探究的构成

科学探究是科学素养的核心成分，但由于科学探究本身的复杂性，不同学者对科学探究的界定存在分歧，因此，为了改善科学教育，提高公民的科学素养，首要的任务就是对科学探究的内涵和构成进行界定。表 1-2 是不同学者关于科学素养构成的观点。

表 1-2　不同学者关于科学素养构成的观点

提出者 ＼ 科学素养的构成	科学知识和技能	科学过程和方法	科学态度、情感和价值观	科学、技术和社会的关系
Pella 等	①基本的科学概念	①科学本质	①科学家工作的伦理原则	①科学和社会的相互关系；②科学和技术之间的差异；③科学和人类的关系
Showalter	①运用合适的科学知识与环境交往；②与科技密切相关的实用技能	①科学本质；②科学的方法	①遵守构成科学基础的各种价值；②对世界有更丰富、生动的看法	①科学、技术和社会之间的相关性
Miller	①科学知识的理解	①科学本质的理解		①科技对社会影响的意识和理解
AAAS	①科学中的一些关键性概念和原理；②运用科学知识	①运用科学的思考方式	①认识到世界的多样性和统一性；②科学和技术伟大但仍有局限	①科学、数学和技术是相互联系的人类智慧的创造物

续表

科学素养的构成　　提出者	科学知识和技能	科学过程和方法	科学态度、情感和价值观	科学、技术和社会的关系
NRC	①物理科学；②生命科学	①作为探究过程的科学；②科学的历史和本质	①个人和社会对科学的不同观点	①科学和技术的关系
教育部	①物理科学；②化学科学；③地理科学	①科学探究能力；②对科学探究的认识	①好奇心和求知欲；②科学的世界观和态度；③创新意识和实践能力	①科学、技术和社会的相互影响

　　Pella 等（1966）对发表于 1946—1964 年主题和"科学素养"有关的论文进行了详细分析后认为，一个具有科学素养的人应理解以下六个方面的内容：①科学和社会之间的相互关系；②了解科学家工作的伦理原则；③理解科学本质；④理解科学和技术之间的差异；⑤理解基本的科学概念；⑥科学和人类之间的关系。Showalter（1974）在 Pella 等人的基础上，对发表自 20 世纪 50 年代末至 70 年代初近 15 年的有关科学素养的文献进行了分析和总结，然后对科学素养的内涵进行了进一步的细化，认为科学素养包含以下七方面的含义：①具有科学素养的人能理解科学本质；②具有科学素养的人在与环境进行交流时，能准确地应用合适的科学知识（科学的概念、原理、理论和定律）；③具有科学素养的人能采用科学的方法去解决科学问题，增进对世界的了解；④具有科学素养的人在和世界交往时能遵守构成科学基础的价值观；⑤具有科学素养的人理解并接受科学、社会和技术之间的关系；⑥具有科学素养的人对世界拥有更丰富、正面和生动的看法；⑦具有科学素养的人拥有许多和科学技术密切相关的科技技能。Miller（1983，1998）认为科学素养应该包括科学本质，即对科学方法及过程的了解、科学知识以及科学与技术对社会的影响。Miller（1998）所界定的科学素养内涵和成分逐渐被世人所接受和公认，是世界各国公民科学素养调查问卷设计的理论基础。

　　表 1-2 总结了不同时期的学者对科学素养的构成的界定，从表 1-2 可以看出，科学知识和技能，科学态度、价值观和情感，科学方法和过程，科学、技术与社会之间的关系是构成科学素养的基本要素和成分。因此从我们在文献综述部分对科学探究界定的分析来看，无论哪个学者的界定，科学探究都是科学素养

的核心内容之一。

由于科学探究本身的复杂性，已有研究发现不同学者对科学探究的界定存在分歧，因此，为了改善科学教育，提高公民的科学素养，首要的任务就是对科学探究的内涵和构成进行界定。

（二）科学教材中科学探究评价指标体系的重要性

由于科学教材在科学教育中的作用，因此想要改善科学教育，提高公民的科学素养，需要对科学教材中的科学探究进行评价，而评价科学教材的关键在于建构一个具有信效度的评价指标体系。

已有有关教材评价的两种研究思路各有利弊，都为教材评价提供了有意的借鉴。但有关教材评价的质性研究只能从整体上描述教材符合课程标准的程度，不能深入分析教材的具体内容，而基于主题的量化内容分析法更有利于根据课程标准深入分析教材内容是否满足课程标准的要求。

整体评价的质性研究主要是根据各种评价准则来编制工具，然后让评价主体，一般是教材的使用者，例如，一线的学科教师，对该教材在使用过程中满足准则的程度进行整体上的评分，这种研究思路的优势在于省时、省力，能在短时间内获得大量一线学科教师对教材的整体感受。但缺点也很明显，首先是由于评价主体本身对课程以及课程标准认识上的局限性，该研究结果很难对教材设计提供有意义的启示；其次，该研究方法很难对教材的内容进行深入的有针对性的分析。因此，研究者认为采用多种标准进行的质性评价，例如，Chiappetta 和 Collette（1989）的 58 项检查表和类似 Project 2061 的教材评价程序，要求被试判断某些方面满足的程度，这种质性的内容分析是一种意义不大的分析方法。因此，需要更多更量化的分析方法，例如，基于主题的教材量化评价，提供了一个更可靠、更清晰的方式来描述"哪些内容"包含在教材或其他课程材料中，能就某个主题进行更深入和量化的评价。也有研究者认为质性的研究仅仅揭示了教材在哪些标准上的满足程度，而量化分析程序即内容分析或潜在语义分析的本质是解释为什么这些教材满足了标准，正好是事物的另一面。因此，Babbie（1998）和 Fraenkel 和 Wallen（2003）建议两种方法结合使用。

而基于主题的教材量化评价，采用的研究方法是量化的内容分析法。内容分析法是一种社会科学的研究方法和技术，该技术能把各种媒介（例如，电视、报纸、书和电影）中用于交流的各种信息进行量化。Krippendorff（1980, 2004）把内容分析法界定为"内容分析法是一种对数据进行可重复和有效推论的研究方法和技术"。研究者们回顾了大量的相关研究后建议内容分析法应遵循以下研究程序：第一，建立可靠的分析概念框架（理论）；第二，不少于两个独立编码者进行编码；第三，建议对整本教材分析时不要采用随机取样的小样本；第四，建构有效可靠的数据收集分类方案；第五，为了提高编码的一致性，需要编码者进行最少的判断，应该建立描述详细的编码标准；第六，在进行最后数据收集及计算内部一致性信度之前，要先获得测验的信度数据。因此，采用量化的内容分析法来评价教材最关键的部分就是根据评价目标来建构评价教材的概念框架。

分析和评价教材的概念框架有很多种，每种分析框架都有特定的目的，已有科学教材评价的概念框架主要涉及科学本质、过程性技能、性别平等、问题水平和科学词汇量等。这些概念框架确实解决了一些问题，例如，科学本质的概念框架可以分析教材中对科学本质表征的程度，来看教材是否有利于培养学生的探究精神和科学认识论；过程性技能的概念框架可以分析科学教材中探究任务或活动（实验）体现过程性技能的程度，从而对探究任务的改进和开发提供建议；性别平等的概念框架能分析教材中对性别平等的表征程度；而问题水平和科学词汇量的概念框架则从其他的视角为教材是否有利于学生进行探究、发展高级的科学过程性技能提供了间接证据。这些已有的基于科学探究主题的教材评价研究，深入地分析了科学教材在这些主题上的体现程度，为课程设计和教材编写提供了有针对性的建议，但随着研究的推进，第三次课程改革中对科学素养的内涵扩大到不仅强调科学知识和科学技能（过程性技能），还强调科学本质即科学认识论。另一方面，已有研究表明科学探究可以分为多种类型或层次，而不同的科学探究所反映的科学认识论存在差异，只有反映了和科学家进行真科学研究一致的科学认识论的科学探究类型才能培养学生高级的过程性技能，才有利于学生对科学本质的理解；另外，由于科学本质概念本身的复杂性，不同学者对科学本质的界定各不相同，而且随着对科学认识的深入，研究者对科学本质的界定更加全面和合理。这些研究上的进展都应该反映在分析和评价科学教材的概念框架中，这样才能根据我国新课改中科学课程标准的要求对科学教材进行全面的分析和评价。因此评价科学教材的关键就是建构合理、具有信效度的科学探究评价指标体系。

（三）不同科学教材中科学探究评价的比较

为了更好地改善科学课程设计和科学教材编写，需要对现行的科学教材中的科学探究进行评价和比较。为了适应挑战和顺应国际科学教育强调科学探究的趋势，教育部于 2001 年启动了新课改，新课改在《全日制义务教学科学（7—9 年级）课程标准》中要求"学生通过科学探究理解科学知识，学习科学技能，体验科学过程和方法，初步理解科学本质，形成科学态度、情感与价值观，培养创新意识和实践能力"（中华人民共和国教育部，2001a）。而科学教材在基础教育改革中扮演着关键角色，是学校科学教育重要的一部分，因此也应该反映改革的这种趋势。教育部分别于 2001 年和 2011 年颁布了《九年义务教育物理课程标准（实验稿）》和《义务教育物理课程标准（2011 年版）》，鼓励各地方、高校、科研单位、专家、学者和教师个人根据课程标准编写教材，经过审定后公开发行供学校选用。但是这些不同版本的初中物理教材能否体现新课标对科学探究的要求，提高公民的科学素养，需要进行研究。研究拟根据建构和完善的中学科学教材中科学探究的评价指标体系对现行的五种版本的初中物理教材进行评价和比较，以期发现这些教材各自的特点，即这些教材中包含了科学探究的哪些元素，以及缺少哪些元素，并为未来的科学课程设计和科学教材编写提供建议。

三、中学科学教材中科学探究评价的意义

（一）新课程改革和教育改革的必然要求

近年来，世界各国愈加重视科学教育，并反思传统科学教育的教和学的方法中存在的问题，之后世界各国逐渐开始把科学探究看做是科学学习的核心。例如，1996 年，美国全国科学教育标准与评价委员会推出了《国家科学教育标准》，该标准的一个突出特色就是强调科学教育中的科学探究；英国、日本、澳大利亚和韩国等国也在国家的教育纲领性文件中对科学探究的内容和进行科学

探究的方法作出了具体的规定。我国在 2001 年新课改颁布的《全日制义务教育科学课程标准（实验稿）》中明确提出"科学探究既是学生科学学习的目标，又是科学学习的方式。学生亲身经历以探究为主的学习活动是学习科学的主要途径"。根据新课改对课程标准的修订，教育部审定了多种版本的教材，而这些教材能否满足课程标准对科学探究的要求，从而提高学生的创造性仍是一个问题。因此，对中学教材初中科学探究进行评价是新课改和教育改革的必然要求。

（二）有利于课程设计和教材开发

根据课程改革对科学探究的相关要求对科学教材进行分析和评价，从而找出该课程的教学材料（教材）中包含真科学探究的哪些特征以及缺少哪些元素，从而为未来的科学教材开发提供参考。

（三）培养创新型人才和个体全面发展的必然要求

发现（discovery）、探究（inquiry）和创造性（creativity）经常被看作同义词（Lucas, 1971）。《国家中长期教育改革和发展规划纲要（2010—2020 年）》强调了教育中培养创新型人才的重要性，为了贯彻这种精神，新课改中科学教育课程纲要明确提出"探究既是科学学习的目标，又是科学学习的方式"。由于教材在教育中扮演的重要角色，有利于科学探究的教材对于培养创造性人才来说就显得特别关键。另一方面，根据皮亚杰的认知发展理论，初中阶段是学生形式运算思维，即假设演绎推理发展的关键时期，另有研究发现初中生更有可能获得关于科学本质的强烈信念（Carey，et al., 1989），因此为了培养学生的科学认识论，科学教材中的探究任务是否包含真科学探究的特征就显得特别重要。

第二章

中学科学教材中科学探究评价指标的建构和完善

第一节 中学科学教材中科学探究评价指标的建构

一、科学探究的含义和分类

通过对不同学者关于科学探究内涵界定的分析，本书把科学探究界定为学生为了获得科学知识，理解科学的本质、价值和精神，掌握科学家研究自然现象所采用各种方法而进行的各种活动，包括科学探究的过程（过程性技能或科学探究能力）和对科学探究过程的认识（科学本质）两个方面。为了更好地理解这个概念的内涵，需要说明以下几点。

1) 该概念的内涵和新课改科学课程标准中对科学探究所界定的内涵一致。曾平飞（2011a）认为"根据新课改科学课程标准对科学探究的目标和要求，一般将科学探究划分为'理解科学探究'和'发展科学探究能力'两个部分"。

2) 科学探究包含科学本质和科学探究能力两个方面，二者之间相互影响、密不可分，并且二者不能相互替代。王晶莹（2011）认为科学探究是指发展科学知识的过程，由于这个过程涉及一些基本的惯例和假设，因此科学知识的产生所具有的一些特征，也就是科学本质。Chinn 和 Malhotra（2002）认为真科学探究过程所反映的认识论是科学的认识论，Lederman（1992）把 NOS 界定为科学的认识论，科学认识论是理解科学知识的一种方式，或科学认识论是确认科学知识和获得科学知识的内在价值和信念的一种方式。科学认识论是指人们对科学知识以及科学知识变化的基本信念，也就是我们这里所说的科学本质，因此科学探究能力和科学本质之间是密不可分的。

本书第一章关于科学探究认知过程的模型中所探讨的双重空间搜索模型、Kunhn 的模型、双过程模型以及杜秀芳的科学探究模型都有一个共同点，那就是强调元认知对科学探究过程的调控作用。例如，元认知在证据评价中起核心作用（Kuhn, et al., 1988）；Kuhn（2000）的模型不仅强调探究活动的阶段，而且还强调个体的元认知能力在科学探究的每一环节中的作用，例如，在评价证据时，学生先前已有的信念或所持的理论与新获得的证据进行相互作用，调节这种相互作用的关键成分就是元认知；VanJoolingen 和 Jong（1997）把科学探究活动分为转化和监控两个过程，其中转化过程就是这里所说的科学探究过程，而监控过程又包括自我计划、自我监视和自我确认，监控过程的作用和元认知能力类似；张建伟和陈琦（2001）认为科学探究是指基于科学推理的科学知识的建构过程，包括问题表征与生成假设、进行实验以及自我监控和反思概括。他们除了强调科学探究的过程，也关注自我调节（元认知）在科学探究过程中的作用。

而科学本质是一种广义上的科学认识论，可以看做是一种元认知，因此，科学探究过程和对科学探究过程的认识之间密不可分、相互影响。Ko（2008）认为以往的很多研究结果都表明"对科学探究的认识"和"进行科学探究的能力"之间存在冲突，这些研究都说明学生不能简单通过学习和训练大量的科学过程性技能而提高对科学探究的相应认识（科学本质）。因此，对科学探究的认识和对应的探究能力并非必然相关。大量的研究表明，科学过程性技能的提高并不能加深对科学探究的认识（科学本质）（Barab, et al., 2001; Sandoval, 2003），即"做"科学和"认识"科学是不同的，这和我们的直觉不一样，学生可以在没有充分认识科学探究的情况下，可以拥有高层次的科学过程性技能（Ko, 2008）。

3）研究界定的科学探究在本质上和科学家的科学探究完全一样，其区别在于复杂程度不同。

4）科学探究是一个复杂的概念，是一个包含多个维度的概念体系，即科学探究的概念可以划分为更多的类别系统。但是，某些类型的科学探究并不是研究界定的科学探究，即真科学探究。那么科学探究有哪些分类？又有哪些类型的科学探究才是真科学探究呢？

Schwab 和 Brandwein（1962）最早将科学探究活动划分为开放性探究（open

inquiry）和引导性探究（guided inquiry）。

Herron（1971）依据探究时教师是否向学生提供探究问题、操作程序以及解答步骤，将探究分成四个等级，分别为验证性探究、结构性探究、引导性探究和开放性探究（表 2-1）。具体分类如下：①第 0 层为验证性探究（confirmation/verification inguiry），由教师提供给学生问题、操作方法、操作步骤以及结果，学生只需依步骤进行操作和验证已知结果。②第 1 层为结构性探究（structured inquiry），教师提供学生问题、操作方法及步骤，学生只需依步骤去进行操作，就可以得到结果。③第 2 层为引导性探究（guided inquiry），由教师给予问题，学生自己设计步骤来解决问题。④第 3 层次为开放性探究（open inquiry），由学生自己提出与主题相关的问题后，自己设计实验步骤来完成探究。

表 2-1 Herron 对探究活动的分类（Herron, 1971）

层次	问题	方法	结果	类别名称
0	提供	提供	提供	验证性探究
1	提供	提供	未提供	结构性探究
2	提供	未提供	未提供	引导性探究
3	未提供	未提供	未提供	开放性探究

Hegarty-Hazel（1986）对 Herron（1971）的分类方式进行了细化，在分类依据上增加了实验器材一项，将层次 2 细分为两个层次（2a、2b），差别在于提供实验器材与否（表 2-2）。

表 2-2 Hegarty-Hazel 对探究活动的分类（Hegarty-Hazel, 1986）

层次	问题	实验器材	方法	结果	类别名称
0	提供	提供	提供	提供	验证性探究
1	提供	提供	提供	未提供	引导性探究
2a	提供	提供	未提供	未提供	开放引导性探究
2b	提供	未提供	未提供	未提供	开放引导性探究
3	未提供	未提供	未提供	未提供	开放性探究

台湾学者洪振方（2003）根据探究是学生导向还是教师导向、开放式与封闭式以及非结构式与结构式 3 个维度来区别探究的类型（如图 2-1 所示）。例如，当结构式维度的程度越高，教师或教材给予学生的指导就越多，在探究活动的计划、设计、实施和评价上就越具有组织性。

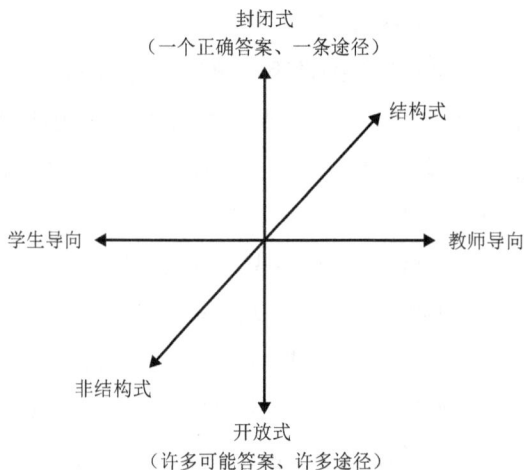

图 2-1　探究的类型示意图

　　台湾学者白佩宜和许瑛珀（2011）将科学探究划分为五种：①食谱式探究（cookbook inquiry），食谱式探究要求学生根据教师提供的研究问题、实验方法、实验步骤以及实验结果，来完成探究和验证已知的结果。由教师或课程材料主导学生的科学探究过程。②结构式探究（structured inquiry），结构式探究要求学生根据教师提供的问题、实验方法及探究步骤，来获得探究的结果。学生不需要自行设计探究的步骤和分析数据的方法，只需按照实验步骤来完成实验操作，即可得到探究结果。③引导式探究（guided inquiry），引导式探究要求教师只提供给学生要探究的任务或问题，让学生自行选用实验器材进行实验设计，并进行解释。学生在探究教师提供的问题时，必须自己设计解决问题的实验方案，从而获得相关的科学知识。④开放式探究（open inquiry），学生自己提出要研究的问题、自己设计研究方案、自己选取实验器材、收集与解释数据以及进行解释和得出结论。开放式探究是一种动态的学习过程，在探究过程中学生需要不断完善学习策略，从而达到解决问题的目标，促使学生获得高级科学过程性技能和科学知识。⑤并行式探究（coupled inquiry），两种或两种探究类型的混合。例如，结合引导式探究与开放式探究，在教师引导下学生逐渐形成自主探究（Martin-Hansen, 2002）。

　　美国《国家科学教育标准》根据科学探究的五个基本特征（科学探究过程的五个要素）、学生自主的程度以及教师或教材主导科学探究的程度把科学探究划分成了多种类型（表2-3）。

表2-3　美国《国家科学教育标准》中科学探究的基本特征和类型

基本特征	探究类型的变式			
	较多 ◄━━━━ 学生自主的程度 ━━━━► 较少			
	较少 ◄━━━━ 教师或教材主导的程度 ━━━━► 较多			
类型	学生从事科学性问题的探究	学生自己提出问题	学生从现有的问题中进行选择，并提出自己的新问题	由教师或教材或其他来源提供给学生问题，但仍需学生自己去思考或澄清问题的意义	由教师或教材或其他来源提供给学生问题
	学生根据问题来收集相关证据	学生自己决定哪些是证据并收集	学生在指导下收集某些数据	给定学生数据并要求其分析	给定学生数据并告诉如何分析
	学生根据证据形成解释	学生整理完证据后自己形成解释	学生在指导下根据证据形成解释	给定学生根据证据形成解释的可能途径	提供给学生证据
	学生把解释和科学知识联系起来	学生独立检查其他信息来源并把解释和科学知识联系起来	学生在指导下指向科学知识的来源和所属领域	给出了解释和科学知识之间可能的联系	
	学生对他们的解释进行交流和辩护	学生形成合理的和符合逻辑的论证并进行交流	学生在指导下发展交流的方法	给予学生广泛的指导以学习如何交流	给定学生交流的步骤和程序

二、中学科学教材中科学探究的评价指标体系的构成

Abd-El-Khalick 等（2008）认为科学本质（NOS）属于广义的认识论范畴，和科学过程性技能（SPS）属于不同的范畴，二者虽然有一定的关系，但并不完全相同。科学过程性技能包括基本过程性技能和整合过程性技能，是认识论的具体行动过程。正如 Kuhn（2001）认为学生进行科学调查的过程并不需要对认识论的任何理解，例如，观察是一种基本的科学过程性技能，学生和科学家可能都能进行多种水平的观察以及采用多种观察仪器设备或装置进行观察，但是理论驱动的观察则属于 NOS 的范畴，进行观察并不必然会使观察者领悟或理解观察的理论驱动这一科学本质特征。因此，对教材进行分析评价需要对 SPS 和NOS 进行区分，因为这二者是不同范畴的知识，不会自动互相替代。

因此，基于研究对科学探究内涵的界定以及上述理由，我们认为中学科学教材中科学探究的评价指标体系由科学探究过程的评价指标和对科学探究过程的认识（科学本质）的评价指标两个方面构成。

（一）中学科学教材中科学探究过程的评价指标

虽然在国家科学教育目标和国家相关课程标准的指导下，许多科学课程设计者设计了一些探究课程让学生参与到科学探究的过程中来（Edelson, et al., 1999; Singer, et al., 2000; Zion, et al., 2004），但 Abd-El-Khalick 等认为"究竟科学探究学习的构成包括哪些要素"仍然不明确（Abd-EI-Khalick, et al., 2004b）。Chinn 和 Malhotra（2002）也认为虽然美国《国家科学教育标准》（AAAS, 1993; NRC, 1996）强调真科学探究的认知特征，但并没有在标准中具体规定真科学探究的详细分析标准。已有的关于科学探究的概念分析框架（科学教材中科学探究的评价指标体系）主要关注对科学推理过程的分类，例如，控制变量、提出解释以及提供支持解释的证据（Bybee, 2000; Germann, et al., 1996; Hafner, et al., 1995; Kuhn, et al., 1995; Zimmerman, 2005，2007），但这些是所有科学探究的共有特征，并不是真科学探究任务的独有特征。

研究发现大部分科学教材中的探究活动全部都是有标准答案的，因此，学生进行实验或探究的目的不是要学生去探索未知的东西，而是让学生记住那些科学知识（McComas, 1998）。Domin（1999）以及台湾地区的学者翁秀玉和段晓林（1997）认为这样的科学探究方式像菜谱一样，只是让学生根据规定好的步骤去进行实验操作及收集数据，并没有给学生任何机会去发现问题、形成研究假设、设计实验或解释数据，因此，Domin（1999）认为这样的科学探究方式不利于学生获得科学探究相关的高级思维能力。Lederman（2000）认为虽然学生可以从科学探究课程中获得许多科学探究技巧，但是这些科学探究课程中的教学内容和方法过于强调科学结果，而非科学探究过程。所以学生在这些课程中，根本无法体验到真正的科学探究活动，因此学生在这些探究课程中无法获得高级的探究技能。

Chinn 和 Malhotra（2002）认为学校里的许多科学探究活动并没有真正反映科学推理的核心内涵。完成学校的许多探究任务所需的认知过程和真正的科学研究所需的认知过程在本质上是不同的。Chinn 和 Malhotra（2002）的分析结果表明教材的探究活动所包含的真正科学探究所需的认知过程极少，因此教材中的探究任务所传递的认识论和真科学探究的认识论完全相反。例如，教材中的探究活动没有要求学生进行理论驱动的观察；教材中的探究活动也不鼓励学生对数据的替代解释进行思考；教材中的探究活动所涉及的科学推理是算法式的，学生从简单的实验和简单的观察中得出显而易见的结论；教材中的探究活动没有涉及如何协调科学理论和部分数据之间的冲突。总而言之，学校的许多科学探究任务的认识论基础和真正科学的认识论基础正好相反，因此学校需要更接近于真正科学推理过程和认识论基础的新型科学探究任务。虽然不同国家的科学标准都强调科学推理的复杂性，例如，关于科学素养，美国认为学生应该理解科学研究可以有多种形式，观察者偏见不利于科学解释，不同的研究者采用不同的研究方法获得的结果会存在差异等；美国国家科学教育标准也强调学生应该学会提出理论来解释多种证据，学会决定采用哪些证据以及学会批判地看待已有的解释和研究程序。这些都强调学生需要的科学探究是真科学探究而不是学校里那些过于简化的探究（AAAS, 1993）。但大部分学校课程中的科学探究并没有达到国家科学课程标准中的要求。例如，澳大利亚的研究（Goodrum, et al., 2000）发现大部分中、小学生在进行的探究是结构化的探究活动，而只有一小部分是半结构化的探究活动，之所以这样，是因为无论是学生还是老师都认为开放式的探究不是正式课程的内容。台湾地区的新课程标准也强调学生需要从验证性和结构化的探究转向引导性和开放性的探究活动，并强调探究的主题要从实验室转向无结构化的日常生活问题（Abd-EI-Khalick, et al., 2004a）。

Germann, Haskins 和 Auls（1996）根据 Schwab 等（1962）和 Herron（1971）对科学探究的分类提出了基于科学探究主题的教材分析评价概念框架（评价指标体系）。Germann, Haskins 和 Auls（1996）的教材分析的概念框架根据教材是否有利于学生主动参与探究的 6 个阶段（背景、问题、变量、成绩、解决方案和扩展）的某些阶段，把教材中的科学探究分为 7 个水平：

1）0 水平探究：学生没有主动参与任何探究阶段。例如，对著名实验的历史描述。

2）1 水平：如果完成了该活动，课程材料或教师让学生利用结果去进行新的预测和假设来解释一些问题或提出新的探究问题。

3）2 水平：允许学生分析数据、得出结论、提供证据、进行推论、进行解释和评价探究结果的正确性或可能的错误。

4）3 水平：根据给定的实验程序，自己动手操作仪器设备、记录观察数据，但探究的问题、实验变量和程序是教材给定的。

5）4 水平：自己提出实验程序及其记录数据的格式（表格、图和描述）。

6）5 水平：自己界定和操作实验变量，并控制变量。

7）6 水平：自己提出问题和假设，并且自己完成所有探究活动。

Germann, Haskins 和 Auls（1996）对科学教材的分析结果表明所分析的实验手册很少给学生机会让学生自己提出问题，形成假设，预测实验结果，设计观察、测量和实验程序，以及根据自己的实验设计来进行研究，或提出新的研究问题。并且发现科学教材通常不会让学生利用必须的背景知识和经验（如实验前活动，包括阅读、回顾相关实验、关注问题、探索实验技术以及通过讨论来强调可能用到的知识和经验）来提出要探究的问题和形成研究假设以及设计观察、实验和预测探究结果。如果科学探究是指根据自己的知识和经验来提出问题、解决问题和调查自然现象，从而建构理论和概化结论，那么实验手册并没有培养学生的这种科学探究能力。

Chinn 和 Malhotra（2002）认为 Germann, Haskins 和 Auls（1996）对教材进行分析的概念框架只包括是否要求学生提出问题、形成假设、设计观察、设计实验、控制变量和提供证据，这些探究过程是简单和复杂的探究任务都拥有的，并不能有效地区分真科学探究和简化的科学探究任务。因此，Chinn 和 Malhotra（2002）提出了真科学探究的概念（authentic scientific inquiry），认为真科学探究是相对于简单探究（simple inquiry）而言的，是指科学家真正实施的科学研究，是一个复杂的活动，包括利用昂贵的仪器设备、设计详细的实验程序和理论、高度专业化的专门知识；以及模型建构和数据分析的高级技术（Dunbar, 1995; Galison, 1997; Giere, 1988）。但是学校由于缺少时间及资源来让学生进行这样的探究任务，因此教育者有必要发展较为简化的探究任务，这些任务能在有限的时空、金钱和专门知识的条件下实施，也就是简化的学校探究任务。学校里的科学探究任务虽然较为简单，但仍然包含了科学推理的核心成分，学生通过完成这些科学探究任务，就能逐步获得科学推理能力。

Chinn 和 Malhotra（2002）强调真科学探究（authentic scientific inquiry）和简单探究（simple inquiry）存在本质上的差异。真科学探究和简单科学探究的差异体现在两个方面：①二者所需的认知过程（科学家进行科学研究的 6 种基本的认知过程：提出研究问题、设计研究方案、进行观察、解释结果、提出理论和研究他人的研究）不同；②这些认知过程上的差异隐含着二者的认识论基础不同。

表 2-4 为真科学探究任务在认知过程上的特点。

表 2-4 真科学探究任务在认知过程上的特点

认知过程		特　点
提出研究问题	—	自己提出研究问题
设计研究方案	选择变量	自己选择甚至创造变量；涉及多个变量
	规划研究程序	自己创造复杂的研究程序以及提出类比模型
	控制变量	多重控制；自己决定如何控制及控制哪些变量
	设计测量	对自变量、控制变量和因变量进行多种测量
进行观察		采用详细技术避免观察者偏见
解释结果	转化结果	转变数据格式
	找出缺陷	经常对自己和他人结果的正确性以及实验的缺陷进行反思
	间接推理	结果和研究问题之间的关系需要复杂的推论链；因变量不同于关注的理论变量
	概化	必须判断实验结果是否能推论到相类似的情境
	推理的类型	多种形式的论据
提出理论	理论水平	建构理论来解释无法观察到现象的机制
整合多个研究的结果		不同研究的结果可能存在部分冲突，要求采取策略去协调该冲突；存在不同类型的研究，涉及多个水平的机制和不同水平的可观察的规律
研究其他研究报告		—

因此，根据以上对科学探究分类的分析以及对科学教材评价的相关文献的分析，我们认为有利于培养学生科学探究能力的科学探究任务应该满足两个条件：第一，科学探究活动应该是教师主导程度较少，而学生自主程度较高的探究活动，即开放性的科学探究任务而非食谱式的科学探究任务（Herron,1971；Hegarty-Hazel, 1986；白佩宜，等，2011）。但正如 Chinn 和 Malhotra（2002）对Germann, Haskins 和 Auls（1996）的批评，开放式的科学探究任务要求学生自己提出探究问题、形成假设、设计实验、控制变量和提供证据，这些探究过程是简单和复杂的科学探究任务都拥有的，并不是区分真科学探究任务和简单科学探究任务的独有特征，因此并不能真正培养学生的科学探究能力。也就说要求学生主导的科学探究任务（开放式科学探究）仅仅是满足真科学探究的一个条件，更为重要的是把主动权交给学生以后，学生应该在认知上如何进行操作才更有利于培养学生的科学探究能力；第二，真科学探究任务应该在认知操作上满足 Chinn 和 Malhotra（2002）提出的真科学探究在认知上的特点。

因此，结合上述已有研究的结果及其教育部颁布的《九年义务教育物理课程标准（实验稿）》和《义务教育物理课程标准（2011 年版）》中对学生进行科学探究过程要素上的要求，研究认为中学科学教材中科学探究过程的评价指标所包含的科学探究过程要素应该包括两个维度：①开放度，即学生在提出问题、提出假设、选择变量、实验控制、实验仪器选择、进行观察、观察结果的处理、解释和交流探究结果等这些探究要素上的自主程度。学生自主的程度越高，教师主导的程度越低，科学探究任务的开放度越大。②认知操作度，即学生在完成科学探究任务时在认知上的操作程度（要求），要反映"真"科学探究的认知特点。

（二）中学科学教材中科学本质的评价指标

美国科学与数学教师协会于 1907 年首先提出科学本质的概念，但并未对科学本质进行明确的界定。

Rubba 和 Andersen（1978）认为科学知识的本质包括简约性、非道德性、发展性、创造性、可验证性和同一性等六个方面的特征。AAAS 将科学本质界定为三个部分：①科学的世界观，包括自然的可理解性、科学知识的累积性、科学知识的变化性、科学并不是万能的并不能解决所有的问题；②科学探究，包括科学的实证性、科学具有解释和预测功能、科学是逻辑和想象的结合体、科学家的非权威性、科学家的客观性；③科学事业，包括科学的社会性、科学研究的伦理价值、科学的公开性、科学家的身份双重性。

Lederman（1992）认为科学本质就是科学的认识论，科学是个体获得科学知识的一种有效途径，并且伴随科学知识发展而获得的价值和信念体系。包括以下六方面的特征：科学知识的暂时性、经验性、创造和主观性、科学知识与文化的关系、科学理论的建构性、科学定律和科学理论的区别与联系。

Driver 等（1996）认为科学本质主要包括科学知识的地位、性质、科学的目的性以及科学是一项社会事业。

Smith 和 Scharmann（1999）认为科学本质包括科学研究的目的、过程及科学研究的价值。其中科学研究的目的和过程又包括科学的实验性、可证伪性、暂时性、重复性和自我纠错性。科学研究的价值又包括能解释现象越多的理论越有科学价值、客观性、简洁性、逻辑一贯性、预测性、能激发新的问题、可质疑性。

McComas（2008）总结了适用于 K-12 的科学本质观，具体包括：科学是基于观察和实验得到的证据；科学知识的形成过程拥有许多共性；科学知识的暂时性和自我纠错性；科学理论和定律有一定联系，但二者属于不同的知识体系，不会相互转化；科学的创造性；科学受到历史文化和社会的影响；科学知识的主观性；科学和技术之间互相影响，但二者并不相同；科学具有局限性。

Collette 和 Chiapetta（1994）认为科学本质包括三个方面：科学是一种思维方式、科学是一种研究方法以及科学是一个知识体系。

Good（1996）认为科学本质是科学的思维过程和科学的知识体系之和，而科学的思维过程包括科学思维过程的前期和后期，科学思维过程的前期是发展和创造新观念的阶段，科学思维过程的后期是指提出和验证假设的阶段，即科学方法。

美国 NSES 认为科学本质包括以下三个方面的内容：①科学家通过观察、理论模型和实验来构建和验证科学对自然现象的解释；②在科学研究的某些领域存在不同的解释是正常的；③科学探究过程包括理论建构、进行观察、提出解释以及反思实验等过程。

Lederman 和 Abd-El-Khalick（2002）认为科学本质在科学知识的暂时性，科学的观察和实验性，科学是人类推理、想象和创造力的产物，科学的理论性以及科学深植于一定的社会文化之中等几个方面得到了研究者的共识。

台湾学者邱胡富和万慧莲（2006）首先对不同时期的学者关于科学本质的论述进行了总结，如表 2-5 所示，并在此基础上提出了学生科学本质的内涵，具体如表 2-6。

从表 2-5 和表 2-6 对不同学者关于科学本质内涵界定的综述来看，科学哲学家、社会学家和历史学家以及科学教育者和科学家对 NOS 的内涵持有不同的观点（Abd-EI-Khalick, Bell, & Lederman, 1998），这也从另一方面说明了科学本质这一概念的复杂性和多层面性。而最近美国国家改革的相关文件所采用的检验科学教材中科学本质的十个方面得到了较多学者的认同（AAAS, 1993; NRC, 1996; NSTA, 2000）。具体内涵见表 2-7。

表 2-5 对不同研究者提出的科学本质的总结

研究者及年代	科学本质的内涵
王美芬和熊召弟 （1995）	①自然界中任何事物总是以某种形式存在；②科学原理可以应用到日常生活的其他相关领域；③科学研究包括提出假说及对假设的验证；④假说和证据之间的链接要符合逻辑推理规则；⑤科学知识并不一定完美，但能知道收集数据或解释数据的方向；⑥科学理论不仅可以预测事物未来的发展方向，而且可以解释过去人类不能解释的现象；⑦科学家的观察不一定客观，但科学家一定要弄清楚观察偏差的来源；⑧不要期望在短时间内产生大的科学革命，但当新的理论对自然现象的解释比旧的理论更合理时，新的理论就会被认可和接受；⑨科学事业是指应用科学解决日常问题；⑩科学、技术和社会之间的关系
翁秀玉等（1997）	小学阶段科学本质的内涵：①科学知识的本质；②探究过程的本质；③科学与生活
台湾教育主管部门 （2001）	科学本质的能力指标分成小学中、低年龄段供（包括 5 点），高年段（包括 5 点）及初中阶段（包括 8 点）
Rubba & Andersen （1978）	科学知识本质的六个特征：①非道德性；②创造性；③发展性；④简单性；⑤可验证性；⑥系统性
NAEP（1989）	科学本质的三个领域：①科学知识的本质；②科学事业的价值与原则；③科学的方法与过程
AAAS（1989）	科学本质包括三个方面：①科学世界观；②科学探究活动；③科学事业
Collette & Chiaetta （1994）	①科学是探究自然现象的一种"思考"方式；②科学是一种探究的方式；③科学是科学知识的集合体
NRC（1996）	分 K-4、5-8、9-12 三个阶段来界定学生应具有的科学本质概念标准
Good（1996）	科学本质以数学公式表示就是 NOS =（early NOST + later NOST）+ NOSK
McComas, Olson （1998）	八个国际科学标准文件中有关科学本质目标的一致观点： ① 科学知识的暂时性；② 科学知识强烈但不完全依赖观察、实验证据、合理的争论以及怀疑的态度；③ 科学研究没有固定不变的方法；④ 科学的目的是解释自然现象；⑤ 定律及学说在科学中的角色不同，因此，学生应该注意到，即使有另外的证据存在，学说是不会变成定律的；⑥ 来自所有文化的人们共同促成了科学；⑦ 新的知识必须以清晰及毫不隐瞒的方式发表出来；⑧ 科学家需要精确的持续记录、同行验证及可重复性；⑨ 观察是理论蕴涵的（theory-laden）；⑩ 科学家是有创造力的；⑪ 科学史同时展现出进化的及革命性的特征；⑫ 科学是社会及文化传统的一部分；⑬ 科学和科技互相影响；⑭ 科学的想法受社会和历史环境所影响

表 2-6 学生科学本质的内涵

层面	项目	详细表述
科学知识的本质	累积性	科学知识是经由时间累积而来的
	暂时性	科学知识是可以改变的
	可重复性	科学知识需要被反复重复验证
	创造性	科学知识是人类智力创造活动的结晶，它需要科学家创造性的想象力，这和艺术家、诗人或作曲家的工作类同

续表

层面	项目	详细表述
科学探究的本质	公开性	科学家必须正确地发表他们所观察到的科学现象
	实证性	科学知识的产生需要实验提供的证据支持
	观察是基于理论的	不存在绝对客观、毫无偏差的观察，不同观察者即使在相同地点来观察相同现象，所观察的结果可能也会存在不一致，这是因为观察者所观察到的现象受已有的知识、信念和理论的影响
科学事业的本质	科学方法的多元化	只要是能解决研究问题的方法就是好的方法，并没有所谓的绝对完美的科学方法
	伦理与道德原则	进行科学研究必须遵守伦理道德原则
	科学家的身份	科学家兼具有科学家和公民的双重身份，科学家通过科学思考来解决公众事务
	科学社群的重要性	科学研究受其所在的科学社群的影响
	科学、技术和社会的关系	科学、技术和社会之间相互影响

表 2-7 NOS 的十个维度的含义

NOS 的维度	具体的含义及其表现
经验主义	科学主张源于自然观察，或要和自然观察一致，但是科学家并不直接获得大部分自然观察，他们的观察总是需要经过感、知觉的过滤以及受科学仪器功能假设的调节或具体理论框架的解释
推论	观察和推论完全不同。观察是对感知器官获得的自然现象的描述；而推论描述的不是感觉器官直接获得的。科学构念（如重力）是对感觉现象的推论，只能通过表现或效果来进行测量或获得
创造性	科学并不总是理性的或系统性的活动。科学知识的产生涉及科学家对解释和理论实体的创新即创造性。创造性 NOS 加上推论的本质，从而保证科学实体是功能性的理论模型而不是对事实的忠实复制
理论驱动	科学家的理论和学科信仰、信念、已有知识、已经获得的训练和期望影响其科学研究工作，这些因素影响科学家如何选择研究的问题和研究方法、观察的内容以及观察的解释。这些特征或心理定势说明理论对于科学知识的产生非常重要。和一般观念刚好相反，科学家的观察从来不是中立的，观察总是基于理论引导，意义建构也是基于理论推动的
暂时性	科学知识是可靠的，禁得起的考验，但并不是绝对的或确定无疑的。所有知识（事实、理论和定律等）都是会改变的。随着概念和技术进步，当新证据出现，科学主张就会发生变化。根据新的或修订的理论，已有的证据需要重新进行解释，或者随着文化和社会团体的变化，或者研究计划的方向发生的改变，科学知识也会发生变化
"科学方法"的神秘性	人们经常认为科学方法是类似菜谱式的程序，适用于所有科学实践。但该看法并不正确，不存在永远正确的"完美科学方法"。科学家的观察、比较、测量、假设、讨论和建构工具，以及建构和解释理论，这些活动没有任何一个能保证毫无错误，更不用说获得"确信的知识"
科学理论	科学理论是得到确认的、得到充分证明了的和内部一致的解释系统。主要包括：第一，能够解释几个研究领域内许多看似无关的观察；第二，能够衍生研究问题；第三，引导进一步的研究。理论经常是基于假设或公理，能推论出无法观察到的实体的存在。因此，直接的测验是不可能也没有意义的，只有间接证据才能证明理论。科学家能从理论获得具体的可验证的假设，并通过观察检验这些假设。假设和观察之间的一致增加了理论的可信度

续表

NOS 的维度	具体的含义及其表现
科学定律	定律是对可观察现象之间关系的描述。而理论是对可观察现象或现象中的规律的推论性的解释。不同于一般的观点，理论和定律没有等级上的差异（朴素观认为当有充足的证据来支持定律，那理论就成了定律，或者说定律比理论更高级）。理论和定律是不同类型的知识，他们之间并不会互相转化。理论和定律一样是合理的科学结论
科学的社会性	科学知识是社会协商的结果。这不应该和科学的相对性混淆。该维度指的是科学事业内部交流和评论的基本价值观，从而提高共同检验科学知识的客观性，从而减少科学家个人主观性的影响。科学杂志的双盲评论程序是该维度的具体体现
科学根植于社会和文化中	科学是根植于文化环境中的事业。因此，科学和各种文化元素和领域相互影响，具体包括社会组织、世界观、权力结构、哲学、宗教和政治经济因素。通过资助科学研究获得可接受的对自然的解释。例如，在生物社会学领域里，男女平等观点的提出表明人类进化存在差异，从而导致女性有更多机会参与和获得领导地位

美国教育发展评价小组（National Assessment of Education Progress, NAEP）认为科学本质就是科学领域所包含的科学知识、价值和方法，并认为对科学本质的理解具有年龄性，因此提出了科学知识的本质的年龄层次分布表（如表2-8），供科学教育界参考。从表2-8中发现9～13岁的学生对科学知识本质的理解程度表现在科学知识的暂时性、公开性、实验性、可复制性及历史性等方面的特性，其差别在于理解的深浅程度不同。

表 2-8　NAEP 提出的科学知识本质的年龄层次分布表

科学本质	9岁	13岁	17岁
1. 科学知识具有暂时性			
（1）科学知识是可以改变的。	√	√	√
（2）新证据能改变目前对大自然现象的解释。		√	√
（3）科学解释说明及预测属于概率性		√	√
2. 科学知识具有公开性			
（1）科学家必须客观地发表他们观察到的科学现象。	√	√	√
（2）科学知识必须公开发表。		√	√
（3）科学家必须提供支持他们理论学说的数据及获得这些数据的方法		√	√
3. 科学知识具有实验性			
（1）观察是科学知识的基础。		√	√
（2）观察和实验均为科学的基石。			√
（3）科学知识必须经观察或实验的确认才有效			√
4. 科学知识具有可复制性			
（1）科学家必须能重复其他科学实验。	√	√	√
（2）无论在何时何地科学家都应该做出相同的实验做出相同的结果。		√	√
（3）证据是通过观察和实验得来的，因此必须能被其他科学家所验证		√	√
5. 科学知识具有历史性			
（1）科学知识是经由时间累积而来的。	√	√	√
（2）现代的科学理论是基于过去的理论的。		√	√
（3）现代的科学理论是由社会、政治、方法、技术等方面的进步并取代过去的理论得来的			√

Osborne 等（2003）采用德尔菲法（Delphi Method）对 24 位科学家、哲学家、社会学家和历史学家对应该教授给中小学生的科学本质的内容进行了调查。表2-9 中列出了 Osborne 等（2003）采用德尔菲法的调查结果和 McComas & Olson（1998）对英国国家科学标准研究结果的比较，该研究发现二者虽然存在一定的差异，但也有很多重叠的部分。例如，科学的暂时性、经验性、主观性、创造性，科学、技术和社会的关系以及科学知识发展中的合作和协作。

表 2-9　德尔菲法的研究结果和 McComas & Olson
对英国国家科学标准研究结果的比较

McComas & Olson（1998）	Osborne 等（2003）德尔菲法
科学知识的暂时性	科学和确定性
科学的经验性	分析和解释数据
科学的可重复性和真实性报告	科学方法和批判性思维
科学是对现象的解释	假设和预测
科学具有创造性性	创造力
	科学和质疑
科学是社会传统的一部分	合作及科学知识发展中的协作
科学在技术中起到了重要作用	科学和技术
科学观点受到社会和历史的影响	科学知识的历史发展
	科学思维的多样性
科学中的变化在缓慢发生	
科学具有全球性	
新的知识需要清晰和公开的报告	

欧美科学史学家、科学哲学家、科学家和教育学者对科学本质这一概念的内涵虽然存在较多争议，但学者们一致认为中小学阶段应该教授给学生一些没有争议的科学本质的特征（Lederman, 1998），另外美国教育发展评价小组认为学生对科学本质的理解具有年龄性。根据上述不同学者对科学本质概念界定的分析，以及 Osborne 等（2003）采用德尔菲法对应该教授给中小学生的科学本质的内容的调查结果，研究认为不同学者对科学本质内涵界定较为一致的特征包括科学的暂时性、经验性、主观性、创造性、观察与推论的区别以及科学理论和科学定律的功能及其相互关系。因此，研究认为中学科学教材中科学本质的评价指标应该是界定明确、学者们对其内涵一致认同且符合学生年龄特征的那些科学本质的特征，包括科学的暂时性、经验性、主观性、创造性、推论、科

学理论和科学定律这七个特征。

三、中学科学教材中科学探究的评价指标体系及其评分标准

（一）中学科学教材中科学探究的评价指标体系

综上所述，中学科学教材中科学探究的评价指标体系包括科学探究过程的评价指标和科学本质的评价指标两个方面。

科学探究过程的评价指标包括两个维度：①开放度，即学生在提出问题、提出假设、选择变量、实验控制、实验仪器选择、进行观察、观察结果的处理、解释和交流探究结果等这些探究要素上的自主程度。学生自主的程度越高，教师主导的程度越低，科学探究任务的开放度越大。②认知操作度，即学生在完成科学探究任务中在认知上的操作程度，要反映"真"科学探究的认知特点，具体评价指标及其内涵如表 2-10 所示。

科学本质的评价指标应该是内涵界定明确、学者们对其内涵一致认同且符合学生年龄特征的那些科学本质的特征，包括科学的暂时性、经验性、主观性、创造性、推论、科学理论和科学定律这七个特征，具体评价指标及其内涵如表 2-11 所示。

表 2-10　中学科学教材中科学探究过程的评价指标及其内涵

	维度一：开放度	维度二：操作度
提出问题	明确提出学生解决的问题	要求学生根据问题情景结合已有知识提出研究问题
	没有明确提出学生要解决的问题，但也没有明确要求学生自己提出研究的问题	要求学生在阅读专家研究报告的基础上根据问题情景提出研究问题
	明确要求学生自己提出研究的问题	
提出假设	明确给出需要验证的假设	要求学生提出备择假设
	没有明确给出假设，但也没有明确要求学生自己提出研究假设	要求学生根据研究假设对实验结果进行预测
	明确要求学生提出研究假设	
选择变量	明确告诉学生研究的相关变量	让学生自己选择和操作定义变量
	给学生提供了一些变量，但没有告诉学生哪些是自变量，哪些是因变量，哪些是无关变量	需要学生自己创造并操作定义变量

续表

	维度一：开放度	维度二：操作度
实验控制	明确给出详细的实验程序及控制变量的方法	给出简单的实验程序，但需要学生自己提出简单的控制变量的方法
	需要学生自己提出研究程序	给出简单的实验程序，但需要学生自己提出简单和复杂的控制变量的方法
		需要学生自己设计实验程序及控制所有的变量
实验仪器选择	明确告诉学生要使用的实验仪器	了解观察仪器的功能和局限
	让学生自己决定和选择使用的实验仪器	需要自己设计观察仪器
观察	明确告诉学生观察和记录哪些变量，并告诉如何记录	理解观察者偏见
	明确告诉学生观察和记录哪些变量，但要求学生自己决定怎么记录	能采取措施避免观察者偏见
	让学生自己决定和选择记录哪些变量及如何记录	
观察结果的处理	明确告诉学生如何处理观察结果	对实验结果进行简单的数学处理
	让学生自己决定如何处理观察结果	对实验结果进行复杂的数学处理
解释	不要求学生解释实验结果	有没替代性的解释
	要求学生对实验结果进行简单的解释	实验结果和研究问题之间的关系需要复杂的推论链
		实验结果是否符合某种理论解释，或建构理论来解释实验结果
		能否整合多个研究结果
		实验结果能否概化
交流	不要求学生交流自己的研究结果	要求学生评价该实验存在的问题
	要求学生交流自己的研究结果	要求学生能根据研究结果提出新的研究问题和假设
		要求学生研究专家的研究报告

表 2-11　中学科学教材中科学本质的评价指标及其内涵

指标	内涵
暂时性	科学知识是可靠的，能禁得起考验的，但科学知识并不是绝对的或确定无疑的。所有的科学知识（事实、理论和定律等）都是会改变的。随着构念和技术进步，当新证据出现了，科学主张就会发生变化。根据新的或修订的理论，已有的证据需要重新进行解释，或者随着文化和社会团体的变化，或者研究计划的方向发生的改变，科学知识也会发生变化
经验性	科学主张源于自然观察，或要和自然观察一致，但是科学家并不直接获得大部分自然观察，他们的观察总是需要经过感知觉的过滤以及受科学仪器功能假设的调节或具体理论框架的解释。测验是为了验证科学概念的效度；一旦提出一个满意的理论，需要测验以及再测验来确立其效度
主观性	科学家从相同的数据出发能得出不同的结论，其原因在于他们有不同的经历、背景和教育经历
推论	观察和推论完全不同。观察是对感知器官获得的自然现象的描述；而推论描述的不是感觉器官直接获得的。科学构念（如重力）是对感觉现象的推论，只能通过表现或效果来进行测量或获得

续表

指标	内涵
创造性	科学并不总是理性的或系统性的活动。科学知识的产生涉及科学家对解释和理论实体的创新即创造性。这种科学的想象力贯穿于从发现问题、提出假设、设计实验、分析数据和解释证据及其进行交流
科学理论	科学理论是得到确认的、得到充分证明了的和内部一致的解释系统。主要包括：第一，能够解释几个研究领域内许多看似无关的观察；第二，能够衍生研究问题；第三，引导进一步的研究。理论经常是基于假设或公理，能推论无法观察到的实体的存在。因此，直接的测验是不可能也没有意义的，只有间接的证据才能证明科学理论；科学家能从理论获得具体的可验证的假设，并通过观察检验这些假设。假设和观察之间的一致增加了理论的可信度
科学定律	定律是对可观察现象之间关系的描述。而理论是对可观察现象或现象中的规律的推论性的解释。不同于一般的观点，理论和定律没有等级上的差异（朴素观认为当有充足的证据来支持定律，那理论就成了定律，或者说定律比理论更高级）。理论和定律是不同类型的知识，他们之间并不会互相转化。理论和定律一样是合理的科学结论

（二）中学科学教材中科学探究的评分细则和程序

已有研究发现分析科学教材中的 NOS 应该区分为外显和内隐表征，并且研究发现（Abd-EI-Khalick, et al., 2004b; Akerson, et al., 2000; Khishfe, et al., 2002），和内隐观相比，在把进行科学活动或"做科学"转化成学生对 NOS 的深入理解方面，外显观更为有效。内隐观通常缺少结构化的机会或提示，不利于学习者对科学活动进行反思，从而内化 NOS。因此，分析中科学教材中科学探究的评分细则和程序如下：

（1）首先对科学教材中的每一个探究活动任务根据表 2-10 中的指标及其评分标准进行内容分析并赋分，记为 C_n。然后依次类推对科学教材中的所有探究任务进行评分，记为 $C_总$，最后计算平均分即为该科学教材在科学探究过程上的得分，记为 C。

（2）根据表 2-11 中 NOS 的 7 个特征对教材中所有内容进行内容分析，如果教材中的某处内容符合 NOS 某个特征的外显观或内隐观，首先在记分表中外显观或内隐观一栏中标记页码、行数及其简略内容，依次类推直到对整本教材分析完毕。然后在记分表中针对 NOS 的每一个特征进行一致程度分析。如果教材中对该特征的所有表征完全符合外显观，即教材所有内容对该特征全部为外显表征且完全一致，记 3 分；如果部分是外显表征部分是内隐表征，但完全一致，记 2 分；如果全部为内隐表征且完全一致记 1 分；如果是外显或内隐表征出现前后不一致，根据不一致程度记 –3 至 –1 分。另外，如果教材对 NOS 的某个特征无论是内隐或外显都没有表征，记 0 分。依次类推对 NOS 的所有 7 个特征进行赋分，然后相加计算总分，记为 N。

（3）计算教材在科学探究上的得分（记为 I），公式为 $I = C + N - |C - N|$。

第二节　中学科学教材中科学探究评价指标的完善

为了保证理论建构的中学科学教材中科学探究的评价指标体系更为合理，采用专家访谈法进一步完善初步提出的评价指标体系。首先，在全国范围内选择研究方向为科学探究的专家，通过电子邮件沟通，最后共有 4 名专家回复了邮件；然后根据方便，在一些师范院校选取学科课程论方向具有高级职称的专家进行当面访谈；最后根据方便选取省级示范性高级中学和初级中学教授物理、化学、生物和地理的一线教师进行当面访谈。结果，共有 21 位专家接受了邮件访谈或当面访谈，其中有 4 位理论方面的专家，4 位中有 2 位专家所属学科为发展与教育心理学，研究方向为科学教育，另外 2 位专家所属学科是课程论，研究方向为科学教育；有 7 位学科课程论方面的专家，7 位中有 3 位专家是物理课程论方面的，3 位是化学课程论方面的，1 位是生物课程论方面的；另外，还有 10 位省级示范性高中和初中教授物理、化学、生物和地理学科的一线教师。专家的具体情况如表 2-12 所示。

首先，分别给各位专家发电子邮件或当面沟通，电子邮件的内容和当面沟通的内容如附录 1。让专家评定，如果同意该项内容，在相应处打"√"，如果觉得需要补充，在空白处填写您的建议。为了是便于需要时及时沟通，当面访谈的专家在第一次访谈时，应留下具体的联系方式（手机号码或 Email）。

表 2-12　专家的基本信息

编号	性别	学科领域或教授科目	职称	工作单位性质
PM1	男	发展与教育心理学	教授	部属师范大学
PF2	女	发展与教育心理学	教授	省属师范大学
PM3	男	科学教育	教授	省属教育学院

续表

编号	性别	学科领域或教授科目	职称	工作单位性质
AF4	女	科学教育	副教授	省属师范大学
AF5	女	物理课程论	副教授	省属师范大学
PM6	男	物理课程论	教授	省属师范大学
AM7	男	物理课程论	副教授	省属师范大学
PM8	男	生物课程论	教授	省属师范大学
PF9	女	化学课程论	教授	省属师范大学
AF10	女	化学课程论	副教授	省属师范大学
AF11	女	化学课程论	副教授	省属师范大学
HF12	女	物理	中高	省级示范性高中
HM13	男	物理	中二	省级示范性高中
HM14	男	化学	中高	省级示范性高中
HF15	女	化学	中高	省级示范性高中
HM16	男	生物	中高	省级示范性高中
MF17	女	物理	中一	知名初级中学
MM18	男	物理	中一	知名初级中学
MF19	女	化学	中一	知名初级中学
MM20	男	化学	中一	知名初级中学
MM21	男	生物	中一	知名初级中学

一、关于科学探究过程的评价指标的访谈结果

调查专家对开放度的评价指标的同意情况如表 2-13 所示。专家也提出了如下建议：第一，建议根据指标直接进行选择而不是赋值，因为赋值过于主观；第二，建议把选择变量中的"给学生提供了一些变量，但没有告诉学生哪些是自变量，哪些是因变量，哪些是无关变量"改为"要求学生自己确定研究中的相关变量"；第三，建议修改解释和交流中的表述，因为这两个探究要素的评价指标的表述和开放度的要求不一致。

表 2-13　科学探究过程的评价指标之开放度专家访谈结果

探究元素	维度一：开放度	同意人数（人）	百分比（%）
提出问题	明确提出学生解决的问题	21	100
	没有明确提出学生要解决的问题，但也没有明确要求学生自己提出研究的问题	8	38.1
	明确要求学生自己提出研究的问题	21	100
提出假设	明确给出需要验证的假设	21	100
	没有明确给出假设，但也没有明确要求学生自己提出研究假设	10	47.6
	明确要求学生提出研究假设	21	100
选择变量	明确告诉学生研究的相关变量	21	100
	给学生提供了一些变量，但没有告诉学生哪些是自变量，哪些是因变量，哪些是无关变量	21	100
实验控制	明确给出详细的实验程序及控制变量的方法	21	100
	需要学生自己提出研究程序	21	100
实验仪器选择	明确告诉学生要使用的实验仪器	21	100
	让学生自己决定和选择使用的实验仪器	21	100
观察	明确告诉学生观察和记录哪些变量，并告诉如何记录	20	95.2
	明确告诉学生观察和记录哪些变量，但要求学生自己决定怎么记录	18	85.7
	让学生自己决定和选择记录哪些变量及如何记录	21	100
观察结果的处理	明确告诉学生如何处理观察结果	21	100
	让学生自己决定如何处理观察结果	21	100
解释	不要求学生解释实验结果	21	100
	要求学生对实验结果进行解释	21	100
交流	不要求学生交流自己的研究结果	21	100
	要求学生交流自己的研究结果	21	100

因此，根据专家的评价结果和建议，我们对开放度的评价指标进行了如下修改：①删除专家同意数低于一半的评价指标；②把选择变量中的表述改为"要求学生自己确定研究中的相关变量"；③把解释中的表述改为"明确告诉学生如何解释实验结果"和"让学生自己决定如何解释实验结果"；④把交流中的表述改为"明确告诉学生如何交流自己的研究结果"和"让学生自己决定如何交流自己的研究结果"。

调查专家对认知操作度的评价指标的同意情况如表 2-14 所示。专家也提出了如下一些建议：①化学学科课程论方面的专家一致提出实验装置不等于实验仪器，让学生自己设计观察仪器难度太高，但可以让学生自己设计实验装置；②解释中"实验结果是否符合某种理论解释，或建构理论来解释实验结果"，专家建议分开表述更合理；③一些专家认为要求学生"对实验结果进行复杂的数学处理"和"实验结果和研究问题之间的关系需要复杂的推论链"可能要求难度太大；④观察中"观察者偏见"表述不恰当。

表 2-14 科学探究过程的评价指标之认知操作度专家访谈结果

探究元素	维度二：认知操作度	同意人数（人）	比例（%）
提出问题	要求学生根据问题情景结合已有知识提出研究问题	21	100
	要求学生在阅读专家研究报告的基础上根据问题情景提出研究问题	19	90.5
提出假设	要求学生提出备择假设	17	81.0
	要求学生根据研究假设对实验结果进行预测	21	100
选择变量	让学生自己选择和操作定义变量	21	100
	需要学生自己创造并操作定义变量	21	100
实验控制	给出简单的实验程序但需要学生自己提出简单的控制变量的方法	21	100
	给出简单的实验程序但需要学生自己提出复杂的控制变量的方法	21	100
	需要学生自己设计实验程序及控制所有的变量	21	100
实验仪器选择	了解观察仪器的功能和局限	21	100
	需要自己设计观察仪器	21	100
观察	理解观察者偏见	8	38.1
	能采取措施避免观察者偏见	21	100
观察结果的处理	对实验结果进行简单的数学处理	21	100
	对实验结果进行复杂的数学处理	21	100
解释	有没替代性的解释	21	100
	实验结果和研究问题之间的关系需要复杂的推论链	17	81.0
	实验结果是否符合某种理论解释，或建构理论来解释实验结果	16	76.2
	能否整合多个研究结果	17	81.0
	实验结果能否概化	21	100
交流	要求学生评价该实验存在的问题	21	100
	要求学生能根据研究结果提出新的研究问题和假设	21	100
	要求学生研究专家的研究报告	5	23.8

因此，根据专家的评价结果和建议，我们对认知操作度的评价指标进行了如下修改：①删除专家同意数低于一半的评价指标；②把实验仪器选择中的表述"需要自己设计观察仪器"改为"需要自己设计实验装置或设备"；③把解释中"实验结果是否符合某种理论解释，或建构理论来解释实验结果"分开表述；④观察中"能采取措施避免观察者偏见"改为"能采取措施避免观察偏差"；⑤虽然专家关于"对实验结果进行复杂的数学处理"和"实验结果和研究问题

之间的关系需要复杂的推论链"对学生要求难度较大的建议具有一定的合理性，但考虑到研究提出的评价指标不仅仅是针对初中学生的，因此并没有进行修改。

　　根据以上修改结果，修改后的科学探究过程的评价指标如表 2-15 所示。并把表 2-15 中的评价指标通过 E-mail 发给了 21 位专家，21 位专家均对修改后的科学探究过程的评价指标表示同意。中学科学教材中科学探究过程的最终评价指标如表 2-15 所示。

表 2-15　根据访谈结果修改后的科学探究过程的评价指标

探究元素	维度一：开放度	维度二：认知操作度
提出问题	明确提出学生解决的问题	要求学生根据问题情景结合已有知识提出研究问题
	明确要求学生自己提出研究的问题	要求学生在阅读专家研究报告的基础上根据问题情景提出研究问题
提出假设	明确给出需要验证的假设	要求学生提出备择假设
	明确要求学生提出研究假设	要求学生根据研究假设对实验结果进行预测
选择变量	明确告诉学生研究的相关变量	让学生自己选择和操作定义变量
	要求学生自己确定研究中的相关变量	需要学生自己创造并操作定义变量
实验控制	明确给出详细的实验程序及控制变量的方法	给出简单的实验程序但需要学生自己提出简单的控制变量的方法
	需要学生自己提出研究程序	给出简单的实验程序但需要学生自己提出复杂的控制变量的方法
		需要学生自己设计实验程序及控制所有的变量
实验仪器选择	明确告诉学生要使用的实验仪器	了解观察仪器的功能和局限
	让学生自己决定和选择使用的实验仪器	需要自己设计实验装置或设备
观察	明确告诉学生观察和记录哪些变量，并告诉如何记录	能采取措施避免观察偏差
	明确告诉学生观察和记录哪些变量，但要求学生自己决定怎么记录	
	让学生自己决定和选择记录哪些变量及如何记录	
观察结果的处理	明确告诉学生如何处理观察结果	对实验结果进行简单的数学处理
	让学生自己决定如何处理观察结果	对实验结果进行复杂的数学处理
解释	明确告诉学生如何解释实验结果	有没有替代性的解释
	让学生自己决定如何解释实验结果	实验结果和研究问题间的关系需要复杂的推论链
		实验结果是否符合某种理论解释
		建构理论来解释实验结果
		能否整合多个研究结果
		实验结果能否概化
交流	明确告诉学生如何交流自己的研究结果	要求学生评价该实验存在的问题
	让学生自己决定如何交流自己的研究结果	要求学生能根据研究结果提出新的研究问题和假设

二、关于科学本质的评价指标的访谈结果

调查专家对科学本质的评价指标的同意情况如表 2-16 所示。部分专家建议增加科学方法的多样性（2 人）、科学的局限性（2 人）以及科学是一项社会事业（1 人）。

表 2-16　科学本质的评价指标

科学本质	同意人数（人）	比例（%）
暂时性	21	100
经验性	18	85.7
主观性	17	81.0
推论	20	95.2
创造性	21	100
科学理论	21	100
科学定律	21	100

因此，根据专家的评价结果和建议，我们对科学本质的评价指标进行了如下修改：第一，考虑到建议增加以上几个科学本质的专家人数较少，并没有把以上三个科学本质的特征补充进去；第二，由于研究提出的七个科学本质专家同意的人数最少为 17 个（共 21 个专家），因此并没有删除，只是和不同意该项目的专家进行了沟通。沟通之后，21 位专家均对科学本质的七个评价指标表示同意。

三、中学科学教材中科学探究评价指标体系

根据专家调查的结果，最终的中学科学教材中科学探究的评价指标具体如表 2-15 和表 2-11 所示。其评分细则和程序如下。

1）首先对科学教材中的每一个探究活动任务根据表 2-15 中的评价指标从开放度和认知操作度两个维度分别进行内容分析，并在相应的表格中标记出符合的选项。

2）根据表 2-11 中 NOS 的 7 个特征对教材中所有内容进行内容分析，如果教材中的某处内容符合 NOS 某个特征的外显观或内隐观，首先在记分表中外显观或内隐观一栏中标记页码、行数及其简略内容，依次类推直到对整本教材分析完毕，然后根据是内隐观或外显观分别赋值为 1 分和 3 分，最后分别将教材中 NOS 某个特征的所有得分相加得到 NOS 的总分。

第三章

中学科学教材中科学探究的比较研究：
以八年级物理上册教材为例

第一节　节前论述

　　根据教育部公布的《全日制义务教育科学（7—9年级）课程标准（实验稿）》的要求，不同地区或学者组织编写了多种版本的初中物理教材，教育部根据课程标准对这些教材进行了严格的审定，只有通过审定的教材才能使用。目前来看，得到较为广泛使用的初中物理教材主要有人民教育出版社（人教版）、江苏科技出版社（苏科版）、北京师范大学出版社（北师大版）、教育科学出版社（教科版）、上海科技出版社和广东教育出版社（沪粤版）出版的初中物理教材，并且已有研究发现这些物理教材在科学探究上存在差异（彭前程，2009）。但这些研究采用的是质性的研究方法，虽然具有一定的参考价值，但正如文献综述部分所述，由于研究方法的限制，已有的研究不能深入分析教材中包含了科学探究的哪些要素，缺少了哪些要素，从而为未来的教材设计和编写提供有针对性的建议。本章根据前面对科学探究相关研究的综述，以及建构和完善的中学科学教材中科学探究的评价指标体系，采用量化的内容分析法分别对广泛使用的5种版本的初中物理教材进行评价和比较，从而发现哪个版本的初中物理教材更符合新课改课程标准中对科学探究的要求。这有利于学生进行科学探究，发展科学推理能力和科学探究精神，以期为未来的课程设计和教材编写提供针对性的建议。

第二节 研究方法

一、研究材料

选取教育部审定的 5 种版本初中物理教材，具体为人教版、苏科版、北师大版、教科版、沪粤版初中物理教材（八年级上册）。之所以仅仅选择八年级上册这一册教材，是因为教育部于 2011 年重新修订了义务教育物理课程标准，出版了《义务教育物理课程标准（2011 年版）》，并根据《义务教育物理课程标准（2011 年版）》重新对 5 种版本的初中物理教材进行了审定，目前通过审定的只有八年级上册。虽然五种版本的初中物理教材都是根据《义务教育物理课程标准（2011 年版）》中规定的内容进行编写的，但由于不同版本的初中物理教材编写者各自的编写理念不同，因此不同知识点的呈现顺序存在较大差异，具体如表 3-1 所示。

表 3-1 各版本初中物理教材（八年级上册）各章内容分布情况

出版社	第一章	第二章	第三章	第四章	第五章	第六章
人教版	机械运动	声现象	物态变化	光现象	透镜及其应用	质量与密度
北师大版	物态及其变化	物质世界的尺度、质量和密度	物质的简单运动	声现象	光现象	
教科版	走近实验室	运动与能量	声	在光的世界里	物态变化	质量与密度
沪粤版	走近物理世界	声音与环境	光和眼睛	物质的形态及其变化	我们周围的物质	
苏科版	声现象	物态变化	光现象	光的折射透镜	物体的运动	

注：图中斜体部分表本书选择分析的章

根据内容分析法对选择分析内容的要求，不建议随机选择分析内容，而要根据研究目的有针对性地选择相对完整的内容进行分析（Babbie, 1998），这也是为了便于对不同版本的初中物理教材中的科学探究进行比较，因此，选择分析的内容分别是人教版的第二～五章共 80 页内容（大约 90 千字），北师大版的第一、四、五章共三章 54 页内容（大约 75 千字），教科版的第三～五章共 75 页内容（大约 79 千字），沪粤版的第二～四章共 80 页内容（大约 100 千字），苏科版的第一～四章共 87 页内容（大约 100 千字）。

二、研究程序

内容分析法所依据的评分指标和评分标准的效度来自于理论和经验基础，研究中所采用的科学探究过程的评价指标是在已有实证和理论研究的基础上通过理论分析和理论建构出来的，并且为了保证科学探究过程和科学本质的评价指标更加客观，研究还通过专家访谈对理论建构的指标体系进行了修正和完善。研究中 NOS 的评分指标部分来自于美国科学教育改革文件中对科学素养的功能水平的描述（AAAS, 1990；NRC, 1996）和历史学、哲学和社会学的学术研究结果（Abd-EI-Khalick, 1998; Abd-EI-Khalick, et al., 2000），而且评分标准中的内隐观和外显观的区分也来自于相关的实证研究结果。

但是无论如何，研究中的评分指标和标准仍然是推论性的。因此，在分析教材时，其他一些重要因素能确保分析的可靠性（Babbie, 1998），例如，专家的经验，研究中的 6 个编码者全部都是物理教学论的硕士研究生。首先，由这 6 名物理教学论研究生对建构和完善的中学科学教材中科学探究的评价指标体系和评分标准进行了讨论和学习；其次，为了让编码者更熟悉编码任务，让 6 名物理教学论研究生进行了归类编码练习；然后，6 名物理教学论研究生分别对 5 种版本的初中物理（八年级上册）的声、光和物态变化等三部分内容进行编码；最后，另一个影响分析可靠性的因素是分析程序，规范的分析程序能够确保分析教材的评分者间信度。第一，所有的评分者都是独立地进行分析和评分的，而且每一个分数都有教材中的相关的内容来支撑。第二，论文作者和另外两个物理教学论方向的硕士生导师（博士、教授）一起逐项讨论了编码者的分析内容和评分，并对编码者之间的差异进行了分析和讨论，确定了研究的分析结果。最后根据分析结果评价和比较不同版本的初中物理教材在科学探究上的差异和特点。

第三节 研究结果与分析

一、各章节不同类型实验分布情况

教育部颁布的《九年义务教育物理课程标准（实验稿）》和《义务教育物理课程标准（2011版）》中明确提出科学探究既是学生的学习目标之一，又是教师教授科学科目的重要教学方式，并将科学探究列入"课程内容"中。这样做是为了让学生经历和科学工作者进行的科学探究相似的探究过程，主动获得物理知识，领悟科学探究方法，发展科学探究能力，体验科学探究的乐趣，养成事实求是的科学态度和勇于创新的科学精神。因此，不同版本的教材为了落实这一目标，在设计和编写教材的时候，设计了形式多样的探究活动。因此为了对科学探究活动进行分析，首先需要对不同版本初中物理（八年级上册）各章节的探究活动类型进行总结。具体情况如表3-2～表3-6所示。

表3-2 北师大版初中物理教材（八年级上册）各章不同类型实验分布情况

项目	第一章 物态及其变化（页码）	第四章 声现象（页码）	第五章 光现象（页码）	合计（项）
实验探究	探究海波和蜂蜡的融化过程(15-17)		光的折射（111-112）	2
学生实验	使用温度计（11-12） 探究水沸腾时温度变化的特点（21）		光的传播路径（98-99） 光的反射规律（102） 探究平面镜成像的特点（106-108）	5
做一做	加热冰块（9） 触摸温度（9-10）	研究音调（82）	望不尽的长廊（108-109） 硬币浮出（114） 人造彩虹（119）	6
观察与思考	蒸发的快慢（20） 液化的条件（23） 升华和凝华（26）	声音的产生与特征（76） 土电话（77） 击鼓（84）	色散（118）	7
合计（项）	8	4	8	20

注：括弧内是页码（以下几个图表同样含义）

北师大版初中物理教材中探究活动的类型相对较多，包括"实验探究""学生实验""做一做""观察和思考"四种类型，但每种类型的数量相对较少，因此北师大版初中物理教材（八年级上册）中声、光和物态变化这三部分内容中的探究活动总量并不多，只有20项。而"做一做"和"观察与思考"这两种类型的探究活动都是简单的演示实验，并不是真正的探究活动。其中，学生实验中"使用温度计"虽然说是学生实验，但就其具体内容来看，也只能算是演示实验，因此北师大版初中物理教材八年级上册中声、光和物态变化这三部分内容中真正意义上的探究活动只有6（占30%）项，具体如表3-7所示。

表3-3　人教版初中物理教材（八年级上册）各章不同类型实验分布情况

项目	第二章　声现象（页码）	第三章　物态变化（页码）	第四、五章　光现象、透镜及其应用（页码）	合计（项）
实验		温度计测水温（49） 探究固体融化时温度的变化规律（53-55） 探究水沸腾时温度变化的特点（59）	探究光反射时的规律（73-74） 探究平面镜成像的特点（77-78） 探究光折射时的特点（81） 探究凸透镜成像的规律（97-98）	7
想想做做	声音的产生（27） 敲桌子（29） 隔音的方法（44）	自制温度计（47） 挤压塑料袋（58） 纸锅烧水（60） 蒸发（60） 碘的升华和凝华（64）	小孔成像（70） 太阳光的色散（85） 测量凸透镜的焦距（92） 自制模型照相机（94） 模拟望远镜（104）	13
演示	声音的传播（28） 音调和频率的关系（32） 声音的波形（33） 影响响度的因素（34） 比较不同声音的波形图（35） 音乐与火焰（40） 噪音的波形（42）		光在水中的传播（70） 光的色散（85） 凸透镜和凹透镜（92） 投影仪（95）	11
合计（项）	10	8	13	31

人教版初中物理教材中探究活动的类型包括"实验""想想做做"和"演示"三种类型，但每种类型的数量相对较多，因此人教版初中物理教材（八年级上册）中声、光和物态变化这三部分内容中的探究活动总量为31项。而"想想做做"和"演示"这两类型的探究活动都是简单的演示实验，并不是真正的探究活动。其中，实验中"温度计测水温"虽然说是实验，但就其具体内容来看，也只能算是演示实验。因此，人教版初中物理教材（八年级上册）中声、光和物态变化这三部分内容中真正意义上的实验只有6（占19%）项，具体如表3-7所示。

表3-4　教科版初中物理教材（八年级上册）各章不同类型实验分布情况

项目	第三章　声（页码）	第四章　在光的世界里（页码）	第五章　物态变化（页码）	合计（项）
实验探究	音调的高低（42）	光总是沿直线传播吗（57） 光的发射规律（60-61） 平面镜成像时像与物的关系（65-66） 光的折射的规律（69） 凸透镜成像的规律（74-75） 模拟近视眼（79）	用温度计测水的温度（92-93） 固体熔化过程的规律（97-99） 沸腾的规律（102） 汽化、液化中的吸热（104）	11

续表

项目	第三章　声（页码）	第四章　在光的世界里（页码）	第五章　物态变化（页码）	合计（项）
家庭实验室	看到自己的声音（40） 橡皮筋吉他（45） 探究材料的降噪能力（48） 探究声的反射（53）	自制针孔照相机（59） 自行车尾灯发光的奥秘（64） 万花筒（68） 硬币隐现之谜（71） 制作一个透镜的照相机（77） 做一个可变焦的照相机（80） 色光混合的规律（87）	太阳能净水器（94-95） 简易冰箱（105）	13
观察	发声体在振动（36） 声音的传播需要介质（37） 声波的图形（44） 音叉的共鸣（49）	镜面反射和漫反射（62） 光的折射现象（69） 透镜对光的作用（73）		7
活动	会跳舞的烛焰（38）	制造彩色的影子（86）	制造云和雨（91）	3
动手做		做一架望远镜（82） 做一架显微镜（84）		2
讨论交流	声的传播有多快（39）	光传播能量和信息（58） 反射光路的可逆性（62） 物与像关于平面镜的对称关系（67） 小鱼为什么叉不着鱼（70）	火山爆发后（100） 为什么南极的空气很湿润（107）	7
合计（项）	11	23	9	43

　　教科版初中物理教材中探究活动的类型最多，包括"实验探究""家庭实验室""观察""活动""动手做""讨论交流"等六种类型，每种类型的数量分布不均，教科版初中物理教材（八年级上册）中声、光和物态变化这三部分内容中的探究活动总量较多，共有 43 项。而"观察""活动""动手做""讨论交流"这些类型的探究活动都是简单的演示实验，并不是真正的探究活动。只有"实验探究"和"家庭实验室"两类探究活动才是真正的探究活动（用温度计测水的温度除外），因此，教科版初中物理教材（八年级上册）中声、光和物态变化这三部分内容中真正意义上的探究活动有 23（占 53%）项，具体如表 3-7 所示。

表 3-5　沪粤版初中物理教材（八年级上册）各章不同类型实验分布情况

项目	第二章　声音与环境（页码）	第三章　光和眼睛（页码）	第四章　物质的形态及其变化（页码）	合计（项）
活动	观察发声物体的振动（24） 把声音显示出来（25） 传声试验（26） 探究影响声音高低的因素（31） 探究影响弦乐器音调的因素（32） 探究决定声音响度的因素（35） 辨别不同物体的声音（37）	手影游戏（48） 研究光的色散（49） 观察光的反射现象（51） 探究光的反射规律（52） 镜前观像（56） 探究平面镜成像时像与物的关系（57） 探究光的折射现象（61） 探究光的折射规律（61-62） 观察透镜对光的作用（66） 测量凸透镜的焦距（67） 探究凸透镜成像的规律（70-71） 研究近视眼镜和远视眼镜（74） 认识照相机（75） 认识显微镜（76） 认识望远镜（77）	凭感觉能判断冷和热吗（82） 观察温度计（82） 用常见温度计测量温度（84-85） 讨论影响蒸发快慢的因素（88） 探究水沸腾时温度变化的特点（89） 观察液化（91） 探究汽化吸热和液化放热（92） 探究海波熔化和凝固的特点（96） 探究石蜡熔化和凝固时的特点（98） 观察碘的升华现象（101） 观察凝华现象（101）	33
合计（项）	7	15	11	33

沪粤版初中物理教材（八年级上册）中声、光和物态变化这三部分内容中探究活动的类型只有"活动"一种，总量为33项。就其具体内容来看，其中大部分只能算是演示实验，不是真正的探究活动，因此沪粤版初中物理教材八年级上册中声、光和物态变化这三部分内容中真正意义上的探究活动有13（占39%）项，具体如表3-7所示。

表3-6 苏科版初中物理教材（八年级上册）各章不同类型实验分布情况

项目	第一章 声现象（页码）	第二章 物态变化（页码）	第三、四章 光现象、光的折射透镜（页码）	合计（项）
综合实践活动	比较材料的隔声性能（23）	用电冰箱研究物态变化现象（48）	探究树荫下的光斑（74）	3
学生实验		练习使用温度计（29） 观察水的沸腾（35-36）	探究平面镜成像的特点（66-67） 探究光的反射规律（70-71） 探究凸透镜成像的规律（88-90）	5
活动	探究声音的产生（8） 探究声音的传播（8） 探究影响声音强弱的因素（12） 探究影响声音高低的因素（13） 辨别由不同物体发出的声音（13-14）	观察水的三态及其特征（28） 观察蒸发现象（34） 观察水的液化（36） 探究冰、蜡烛的熔化特点（39-40） 观察碘锤中的物态变化（42） 认识水循环（44）	分解太阳光（55） 观察白光透过有色玻璃纸的现象（55-56） 观察色光混合现象（56） 观察彩色图片（57） 做几个有趣的影子游戏（63） 初识光的折射现象（80） 探究光的折射特点（81） 初识凸透镜和凹透镜（84） 辨别凸透镜和凹透镜（85） 模拟探究近视眼的缺陷（92） 通过两个凸透镜观察物体（94） 自制水滴显微镜（96）	23
合计（项）	6	9	16	31

苏科版初中物理教材（八年级上册）中声、光和物态变化这三部分内容中的探究活动类型包括"综合实践活动""学生实验"和"活动"三种类型，总量为31项。而"活动"这一类型的探究活动都是简单的演示实验，并不是真正的探究活动。而且"学生实验"中"练习使用温度计"和"观察水的沸腾"虽然说是实验，但就其具体内容来看，只能算是演示实验，不是真正的探究活动，因此苏科版初中物理教材八年级上册中声、光和物态变化这三部分内容中真正意义上的探究活动只有6（占19%）项，具体如表3-7所示。

表3-7 各版本初中物理教材（八年级上册）不同类型实验总体情况

项目	人教版	北师大版	教科版	沪粤版	苏科版	合计
探究实验	6项（占19%）	6项（占30%）	23项（占53%）	13项（占39%）	6项（占19%）	54项（占34%）
演示实验	25项（占81%）	14项（占70%）	20项（占47%）	20项（占61%）	25项（占81%）	104项（占66%）
合计	31项	20项	43项	33项	31项	158项

二、探究活动的分析结果

考虑到结果的保密性，以下结果涉及具体版本的初中物理教材时，用代码 WU801、WU802、WU803、WU804 和 WU805 代替。

根据上述对各版本初中物理（八年级上册）教材探究活动情况的分析结果，我们根据理论建构和完善的探究活动评价指标体系和评分标准，采用内容分析法对 5 个版本初中物理教材（八年级上册）中共 158 个实验项目进行了详细分析。其结果如下：

在开放度方面，如表 3-8 所示，总体上来看，158 个实验项目中，只有 6% 的实验项目要求学生自己提出问题的；只有 7% 的实验项目要求学生自己提出研究假设；只有 4% 的实验项目要求自己选择变量；只有 6% 的实验项目要求学生自己提出实验程序；只有 3% 的实验项目要求自己选择实验仪器；只有 4% 的实

表 3-8　5 个版本初中物理教材（八年级上册）中探究活动的分析结果之开放度（单位：%）

探究活动的开放度	WU801	WU802	WU803	WU804	WU805	总体
明确提出学生解决的问题	95	94	93	87	100	94
明确要求学生自己提出研究的问题	5	6	7	13	0	6
明确给出需要验证的假设	90	97	98	81	97	93
明确要求学生提出研究假设	10	3	2	19	3	7
明确告诉学生研究的相关变量	95	100	91	97	100	96
要求学生自己确定研究的相关变量	5	0	9	3	0	4
明确给出详细的实验程序及控制变量的方法	95	100	91	94	97	94
需要学生自己提出研究程序	5	0	9	6	3	6
明确告诉学生要使用的实验仪器	95	100	95	97	97	97
让学生自己决定和选择使用的实验仪器	5	0	5	3	3	3
明确告诉学生观察和记录哪些变量，并告诉如何记录	90	100	93	94	100	95.4
明确告诉学生观察和记录哪些变量，但要求学生自己决定怎么记录	0	0	0	3	0	0.6
让学生自己决定和选择记录哪些变量及如何记录	10	0	7	3	0	4
明确告诉学生如何处理观察结果	95	100	91	97	97	96
让学生自己决定如何处理观察结果	5	0	9	3	3	4
明确告诉学生如何解释实验结果	90	94	95	87	97	93
让学生自己决定如何解释实验结果	10	6	5	13	3	7
明确告诉学生如何交流自己的研究结果	95	97	95	97	91	95
让学生自己决定如何交流自己的研究结果	5	3	5	3	9	5

验项目要求学生自己决定如何记录观察结果；只有 4% 的实验项目要求学生自己
决定如何处理观察结果；只有 7% 的实验项目让学生自己决定如何对实验结果进
行解释；只有 5% 的实验项目让学生决定如何交流研究结果。

从横向比较来看，在提出问题方面，WU804 教材（13%）给学生自主程度
较大；在形成假设方面，WU801 教材（10%）和 WU804 教材（19%）的开放度
相对较大，而其他三个版本的教材都低于 5%；在选择变量方面，5 个版本教材
都低于 5%；在实验控制方面，WU803 教材（9%）的开放度表现较好些；在实
验仪器方面，5 个版本教材都低于 5%；在观察方面，WU801 教材（10%）的开
放度表现较好些；在观察结果的处理方面，WU803 教材（9%）的开放度表现较
好些；在解释方面，WU801 教材（10%）和 WU804 教材（13%）的开放度相对
较大；在交流方面，WU805 教材（9%）开放度相对较大，其他各个版本都低
于 5%。

表 3-9　5 个版本初中物理教材（八年级上册）中探究活动的分析结果之认知操作度（单位:%）

探究活动的认知操作度	WU801	WU802	WU803	WU804	WU805	总体
要求学生根据问题情景结合已有知识提出研究问题	5	6	7	13	0	6
要求学生在阅读专家研究报告的基础上根据问题情景提出研究问题	0	0	0	0	0	0
要求学生提出备择假设	5	3	5	13	3	6
要求学生根据研究假设对实验结果进行预测	10	9	5	3	3	6
让学生自己选择和操作定义变量	5	0	7	0	0	3
需要学生自己创造并操作定义变量	0	0	0	0	0	0
给出简单的实验程序但需要学生自己提出简单的控制变量的方法	5	0	0	0	0	0.6
给出简单的实验程序但需要学生自己提出复杂的控制变量的方法	5	0	9	13	0	6
需要学生自己设计实验程序及控制所有的变量	0	0	0	0	3	0.6
了解观察仪器的功能和局限	5	0	0	0	0	0.6
需要自己设计实验装置或设备	0	0	7	0	0	2
能采取措施避免观察者偏见	0	0	0	0	0	0
对实验结果进行简单的数学处理	30	19	9	13	18	16
对实验结果进行复杂的数学处理	0	0	0	0	0	0
有没替代性的解释	0	0	0	0	0	0
实验结果和研究问题之间的关系需要复杂的推论链	0	0	0	0	0	0
实验结果是否符合某种理论解释	25	3	2	16	18	11
建构理论来解释实验结果	0	6	0	0	0	1
能否整合多个研究结果	0	0	0	0	0	0

续表

探究活动的认知操作度	WU801	WU802	WU803	WU804	WU805	总体
实验结果能否概化	0	0	0	0	0	0
要求学生评价该实验存在的问题	5	3	2	3	0	3
要求学生能根据研究结果提出新的研究问题和假设	5	0	2	0	0	1

在认知操作度方面，如表 3-9 所示，总体上来看，只有对观察结果的处理方面（16%）和实验结果的解释方面（11%）教材对学生在认知上的要求较好，而在其他探究过程的要素上均表现较差。

从横向比较来看，WU804 教材更注重要求学生根据问题情景结合已有知识提出研究问题（13%）；更注重要求学生提出备择假设（13%）；更注重学生自己提出复杂的控制变量的方法（13%）。WU801 教材更注重学生对根据研究假设对实验结果进行预测（10%）。在对实验结果进行简单的数学处理和实验结果是否符合某种理论解释方面，5 个版本教材都有所要求。而其他真科学探究所要求的认知过程，5 个版本教材均基本没有体现。

三、科学本质的分析结果

评分指标和评分标准的效度来自于理论和经验基础，研究中 NOS 的评分指标部分来自于美国科学教育改革文件中对科学素养的功能水平的描述（AAAS，1990；NRC, 1996）和历史学、哲学和社会学的学术研究结果（Abd-EI-Khalick, 1998; Abd-EI-Khalick & Lederman, 2000），而且评分标准中的内隐观和外显观的区分也来自于相关的实证研究结果。但是无论如何，研究中的评分指标和标准仍然是推论性的。因此，在分析教材时，其他一些重要因素能确保分析的可靠性（Babbie, 1998），如专家的经验。研究中的 6 个分析者全部都是物理教学论的硕士研究生。另一个影响因素是分析程序，规范的分析程序能够确保分析教材的评分者间信度。①所有的评分者都是独立地进行分析和评分的，而且每一个分数都有教材中的相关的内容来支撑。②论文作者和另外两个物理教学论方向的硕士生导师（博士、教授）一起逐项讨论了评分者的分析内容和评分，并对评分者之间的差异进行了分析和讨论，最终确定了研究对科学本质的分析内容。具体结果如附录 2。

根据研究中确定的评价指标、评分标准以及上述分析程序，分别对 5 个版本教材进行分析和赋分，其结果如表 3-10 所示。总体来看，① 5 个版本教材中对科学的主观性、科学理论和科学定律这三个科学本质都没有任何表征，并且对科学的暂时性和经验性的表征也明显不足，每个版本所分析的文本近 100 千字，但 5 个版本中对科学的暂时性和经验性的表征只有不足 15 处。② 5 个版本教材对科学的暂时性、经验性、推论这四个科学本质虽然有所表征，但除了苏科版教材在第 86 页中对科学的推论这一科学本质的表征是外显的，例如，"光线是一种抽象出来……特征和规律。光线是一种抽象出来的物理模型，它能形象地描述光的传播路径和方向。在研究某些光学问题时，人们常选择几条特殊光线画出光的传播路径，从而清晰地反映此类光学现象的特征和规律"，以及教科版第 82 页中对科学的创造性这一科学本质的表征是外显的，例如，"世界上一些伟大发明往往是由偶然时间开始的，但偶然事件只有碰到了有心人，才能成为伟大发明的开端"，其他的表征都是内隐的。因此，5 个版本教材对科学本质表征的外显观明显不足。

从横向比较来看，WU803、WU804 和 WU801 教材对科学表征整体上得分较高，分别为 45、42 和 50 分；WU804 教材对科学的经验性和推论这两个科学本质表征较多；WU803 教材对科学的创造性表征较多；WU805 教材和 WU801 教材对科学的推论和创造性表征较多。

表 3-10　5 个版本初中物理教材（八年级上册）中科学本质的比较　（单位：分）

科学本质	WU801	WU805	WU803	WU802	WU804
暂时性	3	4	7	8	5
经验性	8	4	7	6	12
主观性	0	0	0	0	0
推论	17	13	8	9	13
创造性	22	11	23	8	12
科学理论	0	0	0	0	0
科学定律	0	0	0	0	0
合计	50	32	45	31	42

四、5个版本初中物理八年级上册中问题水平和科学词汇量的分析结果

基于Costa（1985）把科学教材中的问题水平分为输入、加工和输出三类的概念分析框架，研究对5个版本初中物理（八年级上册）教材中的问题进行了分析。需要说明的是，这里所说的问题并不仅仅是课后练习或作业所涉及的问题，而是包含在教材中所有文本中涉及的所有问题。分析结果如表3-11所示。

表3-11　5个版本初中物理教材（八年级上册）中问题水平的比较

问题水平	WU801	WU805	WU803	WU802	WU804
输入水平	69个（占54.3%）	79个（占45.1%）	35个（占36.8%）	68个（占39.8%）	97个（占47.8%）
加工水平	50个（占39.4%）	77个（占44.0%）	39个（占41.1%）	75个（占43.9%）	79个（占38.9%）
输出水平	8个（占6.3%）	19个（占10.9%）	21个（占22.1%）	28个（占16.3%）	27个（占14.3%）
合计	127个	175个	95个	171个	203个

①从问题总体数量来看，不同版本教材中的问题数量存在较大差异，WU804教材中的问题数量较多，多达203个；WU803教材中问题数量较少，仅仅只有95个；其他三个版本的教材中的问题数量分别为WU801教材为127个，WU805教材为175个，WU802教材为171个。②从问题水平上来看，WU801、WU805、WU803、WU802和WU8045各版本教材中输入水平的问题所占的比例分别为54.3%、45.1%、36.8%、39.8%和47.8%，均接近于问题总体数量的一半，即5个版本教材中的输入水平的问题所占的比例过大。5个版本教材中输入水平的问题和加工水平的问题加起来所占的比例超过了80%（除WU803教材之外），而输出水平的问题所占的比例较低，基本都在15%以下。

从横向比较来看，WU803和WU802教材中输出水平的问题所占的比例较大，分别为22.1%和16.3%，而WU801教材中输出水平的问题所占的比例最低，只有6.3%。根据Costa（1985）的观点，输入问题要求学生直接回忆记忆中的信息来解决问题，加工问题让学生通过思考和比较不同信息之间的关系来解决问题，而输出问题要求学生以全新的方式加工信息来解决问题并产生新的观点。只有输出水平的问题才适合学生进行探究，即科学教材中的问题如果输入水平和加工水平的问题所占比例过高，就说明该科学教材不利于学生进行探究学习、不利于教师进行探究式的科学教学。

因此，从以上对 5 个版本教材中问题水平的分析结果来看，总体来说我国现行的 5 个版本的初中物理（八年级上册）教材不利于学生进行探究式学习，也不利于教师进行探究式科学教学。而从横向比较来看，WU803 和 WU802 的教材在问题水平上比其他几个版本的教材更有利于学生进行科学探究。

表 3-12 结果表明，总体来看，5 个版本的教材中科学词汇量并不多，无论是每页科学词汇量和每千字科学词汇量都在 2 个左右。从横向比较来看，无论是每页科学词汇量还是每千字科学词汇量，WU801 教材都最多，分别为 3.13 和 2.25，而 WU804 教材和 WU803 教材相对较少。

表 3-12　5 个版本初中物理教材（八年级上册）中科学词汇量的比较　（单位：个）

问题水平	WU801	WU805	WU803	WU802	WU804
科学词汇总量	169	178	139	168	169
每页科学词汇量	3.13	2.23	1.85	2.1	1.94
每千字科学词汇量	2.25	1.78	1.76	1.87	1.69

第四节　对研究结果的讨论

一、关于各章节探究活动总体情况的讨论

要求学生通过探究活动来学习物理课程中的科学知识是《义务教育物理课程标准（2011 年版）》的基本特点之一。《义务教育物理课程标准（2011 年版）》要求科学教材要提供机会让学生进行必要的科学探究，让学生自己提出探究的问题，自己思考、查阅文献及动手设计实验，经历探究过程以及体验科学探究的乐趣和曲折，培养学生的科学过程性技能和提高学生对科学本质的认识。但是，由于我国师生对科学探究这种学习和教学理念并不熟悉，因此新课标建议教材编写者要根据科学课程目标和基本理念，在内容选择、组织和呈现方式等

方面要为学生的探究活动创造条件和机会。

在科学内容方面，规定《义务教育物理课程标准》（2011 年版）中一级主题是"物质""运动和相互作用""能量"。一级主题下又细分多个二级主题。研究涉及一级主题"物质"中的二级主题"1.1 物质的形态和变化"，以及一级主题"运动和相互作用"中的二级主题"2.3 声和光"两部分内容。为了便于进行教学与评估，《义务教育物理课程标准（2011 年版）》也列出了学生必做的实验项目，总共 20 个。其中，涉及研究的有 5 个，具体包括"4. 用常见温度计测量温度；12. 探究水沸腾时温度变化的特点；13. 探究光的反射规律；14. 探究平面镜成像时像与物的关系；15. 探究凸透镜成像的规律"。从表 3-2 ～表 3-8 的数据来看，各个版本的初中物理教材中设计的探究活动要远远多于《义务教育物理课程标准（2011 年版）》的规定，并且课标中规定的学生必做的实验项目，各个版本物理教材全都覆盖了（除了北师大版，由于北师大版关于透镜的相关内容安排在八年级下册，所以探究凸透镜成像的规律这一实验项目没有包含）。

从横向比较来看，不同版本教材中探究活动的总量差别较大，教科版的总量最多（43 项），北师大版的最少（20 项），人教版和苏科版都是 31 项，沪粤版为 33 项，总量基本相当。这和已有的研究结果相吻合。彭前程（2009）对初中所有年级物理教材中的实验项目进行了统计，发现苏科版和人教版的实验数量相对较多，而北师大版的实验数量相对较少。但该研究并没有统计沪粤版和教科版教材中的实验项目数量。《义务教育物理课程标准（2011 年版）》要求教材中的科学探究活动要有一定数量的保证，这样才有利于培养学生的科学探究能力和提高学生对科学本质的理解，且为了保证日常课堂中科学探究活动的真正有效实施，教材中探究活动的设置和选择要便于学校和学生开展。但由于探究活动非常复杂，每完成一个探究项目需要花费大量的教学和学习时间，所以教材中实验项目过多，学生是否能全部完成很难保证。

另外，根据研究的分析（如表 3-7 所示），几个版本的初中物理（八年级上册）教材中的实验项目大多数是演示实验（占 49% ～ 81%），只有少数（占 19% ～ 51%）实验项目是探究实验项目。并且这些少数的探究项目是否能满足真科学探究在开放度和认知操作度上的要求还需要进一步分析，这正是研究下一步要重点分析的内容。这种大量简单实验或演示实验充斥教材的现象会给学生形成这样的印象：科学探究是一件非常简单的事情，这不利于培养学生的科学探究精神，不利于学生形成正确的科学本质观，也不利于促进学生发展科学探究能力。

对于初中生来说，学生刚刚开始学习物理，物理教材中涉及的科学概念、知识和规律都是未知的，因此，可以让学生通过探究活动去学习这些科学知识，从而在探究的过程中去发展学生的科学探究能力，提高对科学本质的认识。但是，这些物理知识也是人类的文明财富，学生有可能通过其他途径提前对这些知识有所了解，特别是教师也常常会以其他方式有意或无意地把相关的知识告诉学生。因此，物理教材中所设置的科学探究活动大部分可以看作是有固定答案的、非开放式的探究活动，学生经历的科学探究和科学家真正的科学发现过程存在较大不同。为了弥补该缺陷，《义务教育物理课程标准（2011 年版）》要求教材要设置一些没有确定答案的开放式科学探究活动，例如，"探究热水瓶中水的多少与保温性能的关系"等。从新课标的这一要求来看，只有苏科版教材中第 23 页的"比较材料的隔声性能"的实验项目、第 74 页"探究树荫下的光斑"的实验项目和教科版教材中第 48 页的"探究材料的降噪能力"的实验项目满足这个要求，而其他版本教材中的实验项目都是有确定答案的"食谱式"探究。

二、关于探究活动的讨论

研究对 5 个版本初中物理（八年级上册）教材中的探究活动的分析结果和国外的研究结果一致（Germann, et al., 1996；Chinn, et al., 2002）。Germann, Haskins 和 Auls（1996）研究发现，科学教材中的探究活动很少要求学生自主形成假设、设计实验、控制变量和获取证据来证明研究假设，即研究所谓的开放度不高，研究的结果和此一致。具体来看，Germann, Haskins 和 Auls（1996）的研究发现教材中只有 13.3% 的探究活动要求学生自己形成假设；仅有 4.4% 的探究活动要求学生自己设计实验和控制变量；只有不到 1% 的探究活动要求学生自己确定自变量。Chinn 和 Malhotra（2002）的研究结果也表明，初中科学教材中的探究活动，没有一个研究允许学生自主选择研究问题，只有 2% 的探究活动允许自己选择变量。因此，Germann, Haskins 和 Auls（1996），以及 Chinn 和 Malhotra（2002）认为所分析的科学教材中的探究活动并不利于学生自主地进行真正的科学探究，不利于培养学生的科学探究能力。

研究通过对 5 个版本初中物理教材八年级上册中 158 个实验项目的分析表明，总体上来说，在开放度方面，科学探究的 9 个要素（过程）教材留给学生自主的程度比较低，9 个探究要素让学生主动参与探究的比例都在 4% ～ 7% 之间。对 5 个版本教材的横向比较来看，WU801 教材在形成假设、记录观察结果方面的开放度较大；WU804 教材在形成假设和进行解释方面的开放度较大；WU803 教材在实验控制和对观察结果的处理方面开放度较大；WU805 教材在结果交流方面开放度较大。但这里需要说明的是，横向比较的结果只是相对而言，因为让学生主动参与实验项目的比率非常低，最高的只有 19%，基本都在 10% 以下。

科学教材中的探究活动涉及真科学探究活动中的认知过程更少。Chinn 和 Malhotra（2002）的研究结果表明，初中科学教材中的探究活动没有给学生提供自己去思考如何控制变量的机会，更不用说复杂的实验控制技术，只有 4% 的探究活动让学生自己简单地对变量进行控制。较为复杂的控制变量技术，如抵消平衡技术、双盲程序和匹配技术，教材中的探究活动根本不曾涉及。教材中 17% 的探究活动包含多种观察，但是几乎所有的观察只是简单的观察，即只要求学生对发生的现象进行简单的观察。教材中的探究活动很少要求对观察到的数据进行处理，更没有考虑观察可能会产生偏差（观察者偏差）。教材中的探究任务基本上都是直接让学生去调查一些表面水平的东西，如大小、重量、距离、速度和颜色，根本没有涉及理论层面的思考。学生往往被详细、精确地告知科学理论的具体内容是什么，以及该理论如何和外部的世界发生联系。教材中的探究活动很少要求学生进行任何形式的多重系列递进研究，而且教材中的探究任务根本不要求学生去研读真正的研究报告。

研究发现，在认知操作度方面，总体来看，5 个版本的物理教材在对观察结果的处理方面（16%）和实验结果的解释方面（11%）对学生在认知上的要求较符合真科学探究的过程；但在提出问题方面，158 个实验项目只有 6% 要求学生根据问题情景结合已有知识提出研究问题，没有一个实验项目要求学生在阅读研究报告的基础上根据问题情景提出研究问题；虽然有 16% 的实验项目在观察结果的处理方面对学生在认知上的要求较符合真科学探究的过程，但仅仅是让学生对观察结果进行简单的数学处理，没有一个实验项目要求学生进行相对复杂的数学处理；虽然有 11% 的实验项目要求学生对探究结果进行解释，但主要集中在解释实验结果是否符合某种理论解释，而对于是否有替代性的解释、实验结果和研究问题之间的关系需要复杂的推论链、能否整合多个研究结果、实验结果能否概化以及建构理论模型来解释实验结果等这些真科学探究的认知过程几乎所有的实验项目都没有任何涉及。

另外，从整体上来看，让学生自己选择、创造并操作定义变量、自己设计实验程序控制变量、自己选择和设计实验装置或设备、采取措施避免观察偏差、反思实验存在的问题和要求学生根据研究结果提出新的研究问题和假设等这些真科学探究所要求的认知过程，158 个实验项目涉及的也非常少，最高比例仅为 3%。从横向比较来看，相对来说，WU801 教材更注重学生根据研究假设对实验结果进行预测；WU804 教材更注重要求学生根据问题情景结合已有知识提出研究问题（13%），更注重要求学生提出备择假设（13%），更注重学生自己提出复杂的控制变量的方法（13%）。WU801 教材更注重学生对根据研究假设对实验结果进行预测（10%）。但这里需要说明的是，横向比较的结果只是相对而言，因为所有的实验项目涉及的这些认知过程都非常少，最高的只有 25%，其他都在 10% 左右。

综上所述，5 个版本教材中的探究活动无论是在开放度上还是在认知操作度上都不能满足真科学探究的要求，不利于培养学生的科学探究能力。一方面，《义务教育物理课程标准（2011 年版）》课程目标从知识和技能、过程和方法、情感、态度和价值观对科学探究进行了详细的规定。从这些规定来看，5 个版本的初中物理教材八年级上册中的科学探究活动也不能满足课程标准中的要求，特别是在发现问题、设计实验方案、控制变量、对收集信息的判断和处理以及对实验结果的解释和反思上表现尤其不足。

从另一方面来看，《义务教育物理课程标准（2011 年版）》中强调教材要为教师和学生实施科学探究提供方便。"从整体上说，科学探究活动对于教师和学生都是一件新事物，教材应给予帮助。在这方面要遵循由浅入深的原则。例如，可以把比较简单的、局部的探究活动安排在第一学年，对于复杂的探究活动，教材可以给出较详细的指导。

以后随着学习的深入和探究能力的增强，学生自己设计的内容可以逐渐增多，完整探究活动的比例也可逐渐加大"。而且由于课时所限，每次探究活动不可能各个探究要素都面面俱到，因此《义务教育物理课程标准（2011 年版）》中强调教师在进行探究式教学设计时，也要遵循渐进的原则，既要考虑培养学生的整体科学探究能力，又要考虑每次探究活动的设计要有侧重点，这样通过系列性的探究活动，使学生在所有探究要素对应的探究能力都能有所提高，这不仅有利于教师和学生在有限的教学和学习时间内完成探究任务，而且能保证探究过程更加深入，这有利于真正提高学生的科学探究能力。例如，在科学探究中，提出问题和形成假设是非常关键的探究要素，是学生提出问题能力培养的关键，新课程标准要求教材让学生能从自然现象、日常生活或实验观察中发现与物理有关的问题，并尝试根据自己的生活经验和已有的知识提出猜想，从而对科学探究的方向和实验结果进行预测和假设，所以新课标要求教材在设计探究活动时，要对提出问题和形成假设做好充分的准备工作。例如，人教版用一节"生活中的透镜"做铺垫来介绍了照相机、投影仪和放大镜在实际生活中的应用，从中让学生发现物体通过不同的透镜时呈现的像有时是放大的，有时是倒立的，有时是缩小的，从而启发学生提出要探究的问题：凸透镜成像的规律是什么？什么情况成实像？什么时候成虚像？

三、关于科学本质的讨论

研究和国外已有的研究结果一致（Abd-EI-Khalick, Waters, & Le.2008; Chiappetta et al., 1991; Lumpe & Beck, 1996），即科学教材对科学本质的表征不足。总体来看，5 个版本物理教材中对科学的主观性、科学理论和科学定律这三个科学本质都没有任何表征。Abd-El-Khalick 等（2008）的研究发现，所分析的教材中没有任何一本关注到了科学本质的所有 10 个方面。但是从 Abd-El-Khalic 等（2008）的研究结果来看，国外教材对科学本质表征不足的主要是科学的社会和文化嵌入性（social and cultural embeddedness of science）、科学事业的社会性（social aspects of the scientific enterprise）和科学的理论驱动性（theory-driven）。从研究中对科学本质相关研究的分析来看，科学本质的理解具有年龄特征，也就说，国外教材中表征不足的几个科学本质可能并不是必须在大学前科学教育就要掌握和理解的。因此，研究并没有把这几个科学本质纳入评价教材的指标体系中来。而研究所分析的 7 个科学本质都是大学前科学教育阶段学生必须理解的科学本质特征，研究结果表明，5 个版本的初中物理教材中对其中的 3 个（科学的主观性、科学理论和科学定律）并没有任何涉及，这确实值得课程设计者、教材编写者和教材审定者思考。

另外，5 个版本的初中物理教材对科学的暂时性、推论、创造性和经验性的表征也明显不足，每个版本教材所分析的文本近 10 万字，但 5 个版本教材中对科学的暂时性和经验性的表征只有不足 10 处，5 个版本教材对科学的暂时性、经验性、创造性和推论这四个科学本质虽然有所表征，但除了苏科版教材在第 86 页中对科学的推论这一科学本质的表征以及教科版第 82 页中对科学的创造性这一科学本质的表征是外显观之外，其他的表征都是内隐的，因此，5 个版本教材对科学本质表征的外显观明显不足。而 Abd-El-Khalick 等（2008）的研究发现，分析的教材中表征较好的科学本质是推论性和经验性，虽然仍有 2 本教材（14%）完全没有表征推论性这一科学本质以及有 4 本（29%）教材是内隐表征推论性这一科学本质，但其余的 6 本（57%）教材对推论性这一科学本质的表征是外显的、充分的和一致的。所有的 12 本教材都充分地表征了经验性这一科学本质，其中 64% 是内隐表征，36% 是外显表征。79% 的教材外显地表征了科学理论这一科学本质，强调科学理论并不是"未经证实的观念"，而是充分得到实验或观察证据支持的观点、科学理论的解释性和预测性以及科学理论是不能"被证明的"。21% 的教材没有表征科学定律这一科学本质，另外还有 29% 的教材对科学定律表征不充分。57% 的教材对创造性这一科学本质没有任何内隐或外显的表征，只有 12% 的教材外显地表征了创造性这一科学本质。57% 的教材对暂时性这一科学本质没有任何表征或表征不充分。

因此，总体上来看，虽然国外科学教材中对科学本质的表征也存在较大差异，但是就大学前科学教育中学生必须掌握和理解的 7 个科学本质来说，和国外科学教材相比，我国科学教材仍存在较大差距，这也和我国科学教育强调基于科学探究的科学教育时间不长以及教材编写和审定并没有过多关注科学探究的实际情况相符合。

从横向比较来看，WU803、WU804 和 WU801 教材对科学表征整体上得分较高，分别为 45、42 和 40 分；WU804 教材对科学的经验性和推论这两个科学本质表征较多；WU803 教材对科学的创造性表征较多；WU805 教材和 WU801 教材对科学的推论和创造性表征较多。但这里仍需要注意的是：①这里所说的较多所比较的群体整体上较差；②所有教材中对科学本质的表征基本都是内隐的而不是外显的表征，已有的研究表明这种科学本质表征的内隐观并不利于学生对科学本质的理解（Abd-EI-Khalick, et al., 2004b; Akerson, Abd-EI-Khalick, & Lederman, 2000; Khishfe & Abd-EI-Khalick, 2002）。

四、关于问题水平和科学词汇量的讨论

Costa（1985）把科学教材中的问题水平分为输入、加工和输出三类，根据 Costa（1985）的分类框架，输入问题要求学生回忆信息来回答问题，加工问题让学生思考不同信息之间的关系来解决问题，而输出问题要求学生以全新的方式来加工信息并产生新的观点从而解决问题。研究分析结果表明，我国现行的 5 个版本的初中物理教材中输入水平的问题和加工水平的问题所占的比例过大，而输出水平的问题所占的比例较低。该研究结果和 Pizzini 等（1992）和 Kahveci（2010）的研究结果一致。

Pizzini 等（1992）的研究发现输入水平的问题充斥在中学科学教材中，而 Kahveci（2010）的研究也发现土耳其不同版本的科学教材中只有一个版本的科学教材中的输出问题多于加工问题和输入问题。而有利于科学探究的教材毫无疑问应该包含更多数量的输出问题，这样才能使学生主动地去收集和组织数据成为课堂上的积极学习者。基于探究的科学教材不应该像传统的科学教材那样把大量的事实性材料百科全书式地罗列出来，而应该能激发学生去进行探究和调查的兴趣（Chiappetta & Collette，1989）。

另外，根据布卢姆对教育目标的分类（认知领域），要想使学生获得高水平的认知技能，需要给学生提供高水平的问题类型，而输入水平的问题只能改善"知道"水平的技能，最多是"理解"水平的技能，而加工水平的问题能促进学生的"应用"和"分析"水平的技能，输出水平的问题有利于发展学生的"综合"和"评价"水平的认知技能。从科学教材的分析结果来看，教材中过低比例的输出水平问题不利于学生发展高水平的认知技能。因此，总体来看，我国现行的5个版本的初中物理（八年级上册）教材就问题水平来说，不利于学生进行探究式学习，也不利于教师进行探究式科学教学。

从横向比较来看，WU803和WU802教材中输出水平的问题所占的比例较大，分别为22.1%和16.3%，而WU801教材中输出水平的问题所占的比例最低，只有6.3%。因此，WU803和WU802教材在问题水平上比其他几个版本的教材更有利于科学探究。但是究竟科学教材中应该包含多少个问题，以及输出水平的问题所占的比例达到多大才有利于基于科学探究的科学教育仍然是一个没有最终标准的问题，需要进一步的探索。

我国教材中输入和加工水平问题盛行的原因在于课程设计者和教材作者编写教材的初衷是为了学生更好地准备竞争激烈的中考或高考。学生只有在中考中取得优异的成绩才能继续获得更优质的高中教育，而每年的高考更是决定学生一生命运的独木桥。而这些考试中的试题主要是加工和输入水平的问题，因此，课程设计者和教材编写者认为这些类型的问题才是学生应该掌握的。这种现象说明科学教育的课程改革不仅仅是课程本身的事情，是一个系统工程，例如，考试制度的改革、评价方式的改革以及教师培训的改革等，只有这些配套工程相互协调，科学教育的课程改革才能真正取得成效。

科学词汇量（science vocabulary load）分析结果表明，初中物理教材每页的平均词汇量都在2个左右。从横向比较来看，无论是每页科学词汇量还是每千字科学词汇量，WU801教材较多，而WU804教材和WU803教材相对更少。Kahveci（2010）的研究结果表明，土耳其高中科学教材的每页平均科学词汇量为9个，初中为5个，并且发现土耳其高中科学教材中的科学词汇量显著高于Groves（1995）的研究结果（Groves的分析结果为平均每页5.75个），土耳其初中科学教材中科学词汇量和 Groves（1995）的研究结果（Groves 的分析结果为平均每页 4.45 个）不存在差异。因此 Kahveci（2010）认为土耳其高中科学教材过分强调科学术语，这会导致学生认为科学仅仅是需要记忆的知识堆积体（Groves，1995），不利于探究式科学教学。

众所周知，探究式科学学习和教学需要花费大量时间进行实验活动和操作各种仪器材料，这种教学方法比传统课堂花费的课堂时间更多，从而会在一定程度上限制教学内容的广度，但正如 Chiappetta 和 Collette（1989）所说："探究式科学教学的代价是学生获得了对科学探究本质的深刻理解（what is lost in terms of subject matter is gained in terms of understanding the nature of scientific inquiry）"。但是我国现行的 5 个版本的初中物理教材中的每页词汇量均大大小于国外的科学教材，单从这个指标来说，和国外的科学教材相比，我国的初中物理教材有利于学生更好地进行科学探究。这里需要说明的是到底平均每页多少词汇量的科学教材更有利于科学探究仍然是一个需要探讨的问题。

第五节　研究结论

一、在科学探究过程中的表现

总体上来说，5 个版本的初中物理教材在科学探究过程上的表现均较差。具体如下：

（1）在开放度方面，5 个版本教材中的 158 个实验项目中，只有 6% 的实验项目要求学生自己提出问题，只有 7% 的实验项目要求学生自己提出研究假设，只有 4% 的实验项目要求学生自己选择变量，只有 6% 的实验项目要求学生自己提出实验程序，只有 3% 的实验项目要求学生自己选择实验仪器，只有 4% 的实验项目要求学生自己决定如何记录观察结果，只有 4% 的实验项目要求学生自己决定如何处理观察结果，只有 7% 的实验项目让学生决定如何对实验结果进行解释，只有 5% 的实验项目让学生决定如何交流研究结果。从横向比较来看，在提出问题方面，WU804 教材（13%）给学生的自主程度较大；在形成假设方面，WU801 教材（10%）和 WU804 教材（19%）的开放度相对较大，而其他三个版本的教材都低于 5%；在选择变量方面，5 个版本教材都低于 5%；在实验控制方面，WU803 教材（9%）的开放度表现较好些；在实验仪器方面，5 个版本教材都低于 5%；在观察方面，WU801 教材（10%）的开放度表现较好；在观察结果的处理方面，WU803 教材（9%）的开放度表现较好些；在解释方面，WU801 教材（10%）和 WU804 教材（13%）的开放度相对较大；在交流方面，WU805 教材（9%）开放度相对较大，其他各个版本都低于 5%。

（2）在认知操作度方面，只有在对观察结果的处理方面（16%）和实验结果的解释方面（11%）教材对学生在认知上的要求较好，其他几个方面均较差。从横向比较来看，WU804 教材更注重要求学生根据问题情景结合已有知识提出研究问题（13%），更注重要求学生提出备择假设（13%），更注重学生自己提出复杂的控制变量的方法（13%）；WU801 教材更注重学生对根据研究假设对实验结果进行预测（10%）；在对实验结果进行简单的数学处理和实验结果是否符合某种理论解释方面，5 个版本教材都有所要求；而其他真科学探究所要求的认知操作，5 个版本教材基本很少有所体现。

二、在科学本质上的表现

总体来说，5 个版本的初中物理教材在科学本质上的表现均较差。具体如下：

（1）总体来看，5 个版本教材中对科学的主观性、科学理论和科学定律这三个科学本质都没有任何表征，并且对科学的暂时性和经验性的表征也明显不足，而且 5 个版本教材对科学本质的外显表征尤其不足。

（2）从横向比较来看，WU803、WU804 和 WU801 教材对科学本质的表征整体上相对较好；WU804 教材对科学的经验性和推论这两个科学本质表征较多；WU803 教材对科学的创造性表征较多；WU805 和 WU801 教材对科学的推论和创造性表征较多。

（3）总体上来看，5 个版本的初中物理教材中的问题水平主要是输入和加工水平的问题，不利于学生进行科学探究。从横向比较来看，WU803 和 WU802 教材中输出水平的问题所占的比例较大，分别为 22.1% 和 16.3%，而 WU801 教材中输出水平的问题所占的比例最低，只有 6.3%。

（4）总体上来看，5 个版本的教材中科学词汇量并不多，无论是每页科学词汇量和每千字科学词汇量都在 2 个左右。从横向比较来看，无论是每页科学词汇量还是每千字科学词汇量，WU801 教材都最多，分别为 3.13 和 2.25，而 WU804 和 WU803 教材相对较少。

第四章

科学教材对学生的影响

第一节　节前论述

一、研究目的

采用静态的内容分析法对 5 个版本的八年级上册的物理教材进行分析，并比较不同版本物理教材中科学探究的各自特点。研究采用问卷调查法比较使用不同版本物理教材的学生和教师在科学探究上的表现，以便了解我国初中生和教师在科学探究上的表现，为第二章中建构的中学科学教材中科学探究的评价指标体系提供辨别效度，并分析影响学生科学探究和教师探究式科学教学自我效能感的因素。

二、研究假设

假设 1：使用不同版本物理教材的学生在科学探究上的表现存在差异。

假设 2：中学科学教材中科学探究的评价指标体系具有一定的辨别效度。

假设 3：教材版本是影响学生科学过程性能力和对科学本质的认识的重要因素。

假设 4：教材版本是影响教师探究式科学教学自我效能感和科学本质的重要因素。

假设 5：在控制了二层变量（教师变量）和一层变量（学生变量）后，教材版本仍是影响学生科学过程性技能和对科学本质的认识的重要因素。

第二节 研究方法

一、研究对象

根据方便取样，选取使用四个版本初中物理教材的学生和教师分别进行问卷调查。具体来说，选择在同一城市的三所初中八年级两个自然班学生和该校所有教授初中物理、生物和化学的老师分别施测学生问卷和教师问卷。

共发放学生问卷 1173 份，收回 1173 份，其中有效问卷 1011 份，回收率和有效率分别为 100% 和 86.2%。有效问卷中男生 474 人，女生 517 人；省重点中学 322 人，市重点中学 367 人，一般中学 322 人；使用 WU801 教材的学生人数 136 人，使用 WU803 教材的学生人数 302 人，使用 WU804 教材的学生人数 253 人，使用 WU802 教材的学生人数 320 人；学生年龄范围为 11～17 岁，平均年龄为 13.95 岁。

共发放教师问卷 236 份，收回问卷 193 份，其中有效问卷 154 份，回收率和有效率分别为 81.8% 和 79.8%。有效问卷中男性 54 人，女性 99 人；省重点中学 57 人，市重点中学 39 人，一般中学 56 人；使用 WU801 教材的教师人数 20 人，使用 WU803 教材的教师人数 23 人，使用 WU804 教材的教师人数 33 人，使用 WU802 教材的教师人数 78 人；教师年龄范围为 23～55 岁，平均年龄为 37.86 岁。教龄范围为 1～37 年，平均教龄为 15.55 年，其中中教高级职称的教师 50 人，中教一级职称的教师 61 人，中教二级职称的教师 32 人，教授物理的教师 49 人，教授生物的教师 43 人，教授化学的教师 35 人。

二、研究工具

（一）学生问卷

学生问卷包括以下四个部分（具体见附录 5）。

1）学生基本信息，包括学校、性别、年龄、上学期期末物理成绩和排名。

2）根据第二章建构的科学过程的评价指标编制了科学过程性技能问卷。问卷由 28 个题项组成，共分为提出问题、形成假设、选择变量、实验控制、选择实验装置、观察、观察结果的处理、解释和交流 9 个纬度。问卷采用五点评分，从 1（完全不符合）到 5（完全符合），分别表示题目陈述与学生真实状况的符合程度。研究该问卷的 Cronbach's α 为 0.946。

3）根据第二章建构的科学本质的七个方面，参考公开发表的科学本质的相关问卷编制了科学本质问卷。问卷由 26 个题项组成，共分为科学的暂时性、经验性、主观性、推论、创造性以及科学定律和科学理论的区别与联系 6 个纬度。问卷采用五点评分，从 1（完全不符合）到 5（完全符合），分别表示题目陈述与学生真实状况的符合程度。研究该问卷的 Cronbach's α 为 0.710。

4）青少年创造性倾向问卷。采用申继亮、王鑫和师保国（2005）编制的青少年创造性倾向问卷。问卷由 37 个题项组成，包括自信心、探索性、好奇心、意志力和挑战性五个纬度。问卷采用五点评分，从 1（完全不符合）到 5（完全符合），分别表示题目陈述与学生真实状况的符合程度。已有研究表明该问卷信效度良好。研究该问卷的 Cronbach's α 为 0.812。

（二）教师问卷

教师问卷包含以下三部分内容（具体见附录 4）。

1）教师基本信息，包括年龄、性别、教龄、职称和所教授科目。

2）根据研究第二章建构的科学本质的七个方面，参考公开发表的科学本质的相关问卷编制了科学本质问卷（和学生问卷相同）。研究该问卷的 Cronbach's α 为 0.508。

3）翻译 Smolleck（2004；2006；2008）的探究式科学教学自我效能感问卷。翻译 Smolleck 编制的教师探究式科学教学自我效能感问卷（self-efficacy in regard to the teaching of science as inquiry, TSI）。研究者和某高校外国语学院的一名英语教育的副教授对英文问卷进行了翻译，并由另一位英语教育的副教授将中文译回成英文，并进行比对，然后请两位初中物理教师对翻译好的问卷进行阅读，并根据建议进行了调整，使初中科学教师更容易理解相应的题项。

该问卷由 69 个项目组成，分为自我效能（personal self-efficacy）和结果期望（personal outcome expectancy）两个分问卷，每个分问卷又分为科学问题

（learner engages in scientifically oriented questions）、证据优先（learner gives prior-ity to evidence in responding to questions）、解释证据（learner formulates explana-tions from evidence）、建构理论（learner connects explanations to scientific knowl-edge），以及交流和反思解释（learner communicates and justifies explanations）五个纬度。问卷采用五点评分，从 1（完全不符合）到 5（完全符合），分别表示题目陈述与教师真实状况的符合程度。已有研究表明该问卷信效度良好。研究该问卷的 Cronbach's α 为 0.967。其中自我效能分问卷的 Cronbach's α 为 0.941，结果期望分问卷的 Cronbach's α 为 0.938。

三、研究程序和数据分析

在学生学习完初中物理八年级上册之后开始学习下册之前，对学生和教师进行团体施测。全部数据录入 SPSS18，采用 SPSS18 和 HLM7 对数据进行统计分析。

第三节　研究结果与分析

考虑到八年级学生不仅开设了物理还开设了生物（也属于科学课程），学生获得的科学过程性技能和对科学本质的认识可能也会受到生物教材或其他学科的影响，因此我们对参加学生问卷调查的北京市一个重点中学的两个八年级自然班进行了所开科目对其科学探究的影响的知觉问卷（具体见附录 6）。总共调查了 82 个学生，共收回有效问卷 82 份，分析结果如表 4-1（S 和 N 分别代表科学过程性技能和科学本质）。

表 4-1 的结果表明虽然不能排除学生所学其他科目对其科学探究的影响，但总体来说物理对学生科学过程性技能和科学本质的影响相对还是最大的。

表 4-1 学生对所学科目对科学探究的影响的感知情况

科目	M	SD	科目	M	SD
S 物理	88.49	13.820	N 物理	87.40	16.912
S 生物	80.18	16.709	N 生物	76.74	19.344
S 数学	65.93	31.644	N 数学	63.56	31.512
S 语文	55.22	34.895	N 语文	53.10	35.365
S 英语	52.34	35.553	N 英语	51.09	35.421
S 历史	51.59	34.845	N 历史	49.88	35.082
S 政治	54.02	36.257	N 政治	50.21	36.030

一、使用学生在科学过程性技能上的表现

考虑到结果的保密性，以下结果涉及具体版本的初中物理教材时用代码WU801、WU802、WU803、WU804 和 WU805 代替。

表 4-2 中的结果表明，使用不同版本教材的学生在科学过程性技能上的得分都高于五点评分量表的平均分 3 分，因此，总体来看我国八年级学生在科学过程性技能上的表现较好。

表 4-2 使用不同版本学生在科学过程性技能上得分的描述统计结果

科学探究过程性要素	教材版本	M	SD	n
提出问题	WU801	3.668	0.869	101
	WU803	3.756	0.841	242
	WU804	3.658	0.892	228
	WU802	3.419	0.904	320
	总体	3.599	0.890	891
形成假设	WU801	3.742	0.898	101
	WU803	4.059	0.815	242
	WU804	4.000	0.808	228
	WU802	3.790	0.849	320
	总体	3.911	0.844	891
确定变量	WU801	3.722	0.941	101
	WU803	3.924	0.764	242
	WU804	3.859	0.867	228
	WU802	3.745	0.796	320
	总体	3.820	0.826	891

续表

科学探究过程性要素	教材版本	M	SD	n
实验控制	WU801	3.673	0.884	101
	WU803	3.884	0.847	242
	WU804	3.739	0.965	228
	WU802	3.567	0.929	320
	总体	3.709	0.919	891
选择实验装置	WU801	3.726	0.887	101
	WU803	3.877	0.818	242
	WU804	3.856	0.842	228
	WU802	3.610	0.863	320
	总体	3.759	0.855	891
观察	WU801	3.861	0.878	101
	WU803	4.242	0.688	242
	WU804	4.165	0.789	228
	WU802	3.941	0.776	320
	总体	4.071	0.781	891
解释	WU801	3.602	0.778	101
	WU803	3.884	0.652	242
	WU804	3.805	0.718	228
	WU802	3.581	0.707	320
	总体	3.723	0.715	891
交流	WU801	3.716	0.839	101
	WU803	3.898	0.731	242
	WU804	3.849	0.765	228
	WU802	3.660	0.743	320
	总体	3.779	0.763	891
结果处理	WU801	3.841	0.914	101
	WU803	4.011	1.064	242
	WU804	4.171	0.943	228
	WU802	3.911	1.044	320
	总体	4.001	1.015	891
过程性技能	WU801	3.736	0.703	101
	WU803	3.981	0.531	242
	WU804	3.902	0.589	228
	WU802	3.714	0.554	320
	总体	3.837	0.586	891

为了考察使用不同版本教材的学生在科学过程性技能各个要素上的差异，我们以教材版本为自变量，以科学过程性技能各要素为因变量进行了多元方差分析。从整体上来看，教材版本差异极其显著（Wilks'Lambda=0.909, F=2.851, p=0.000）。具体结果如表 4-3 和图 4-1 ～图 4-10 所示。

表 4-3　使用不同版本教材学生科学过程性技能分维度上的方差分析及事后检验

变异来源	提出问题	形成假设	选择变量	实验控制	选择实验装置	观察	结果处理	解释	交流
平方和	17.697	14.830	5.903	14.881	12.910	18.932	23.291	16.232	9.940
自由度	3	3	3	3	3	3	3	3	3
均方	5.899	4.943	1.968	4.960	4.303	6.311	7.764	5.411	3.313
F 值	7.622	7.078	2.900	5.954	5.978	10.669	8.958	10.906	5.767
P 值	0.000	0.000	0.034	0.001	0.000	0.000	0.000	0.000	0.001
事后检验	2＞4	2＞4	2＞4	2＞4	2＞4	2,3＞1	2＞1	2＞1	2＞4
	3＞4	3＞4			3＞4	2,3＞4	2＞4	2,3＞4	3＞4

注：1 代表 WU801，2 代表 WU803，3 代表 WU804，4 代表 WU802

根据 BONFERRONI 的事后比较结果表明：在提出问题要素上，使用 WU804 和 WU803 教材的学生的得分均高于 WU802 教材，其他版本之间差异不显著；在形成假设要素上，使用 WU804 和 WU803 教材的学生的得分均高于 WU802 教材，WU804 教材的得分高于 WU801 教材（边缘显著，p=0.061），其他版本之间差异不显著；在选择变量和实验控制要素上，使用 WU803 教材的学生的得分高于 WU802 教材，其他版本之间差异不显著；在选择实验装置要素上，使用 WU804 和 WU803 教材的学生的得分均高于 WU802 教材，其他版本之间差异不显著；在观察要素上，使用 WU804 和 WU803 教材的学生的得分均高于 WU801 教材，使用 WU804 和 WU803 教材的学生的得分均高于 WU802 教材，其他版本之间差异不显著；在观察结果处理要素上，使用 WU803 教材的学生的得分高于 WU802 教材和 WU801 教材，其他版本之间差异不显著；在解释要素上，使用 WU803 教材的学生的得分高于 WU802 教材和 WU801 教材，使用 WU804 教材的学生的得分高于 WU802 教材，其他版本之间差异不显著；在交流要素上，使用 WU804 和 WU803 教材的学生的得分均高于 WU802 教材，其他版本之间差异不显著（图 4-1 至图 4-10）。

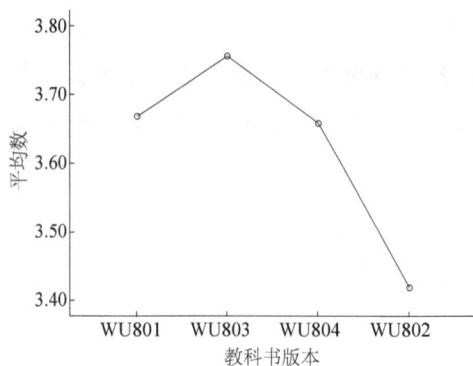

图 4-1　在提出问题上的差异比较

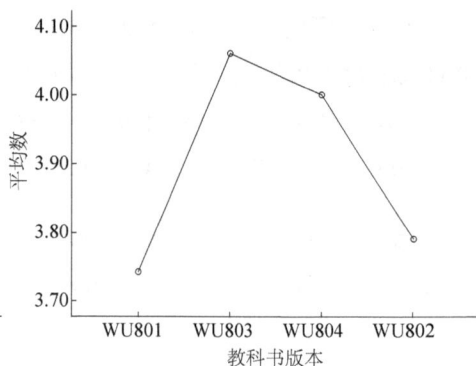

图 4-2　在形成假设上的差异比较

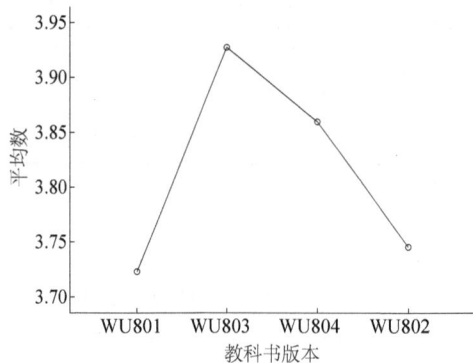

图 4-3　在选择变量上的差异比较

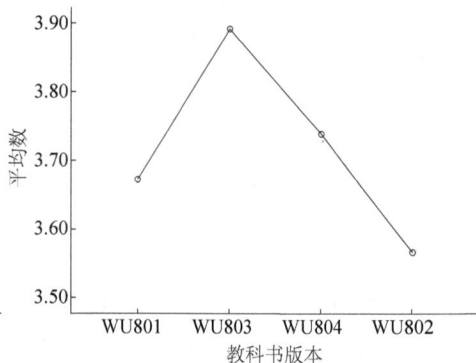

图 4-4　在实验控制上的差异比较

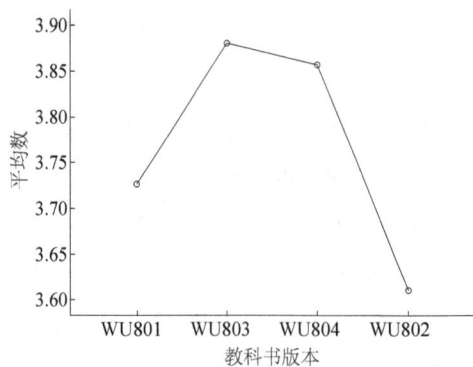

图 4-5　在选择实验装置上的差异比较

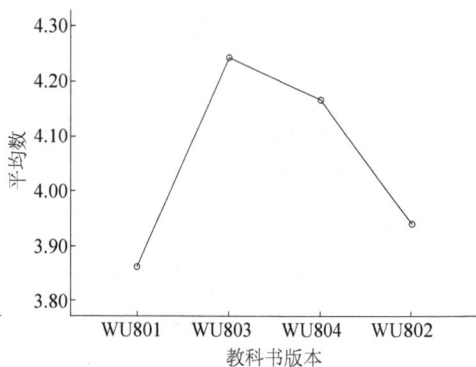

图 4-6　在观察上的差异比较

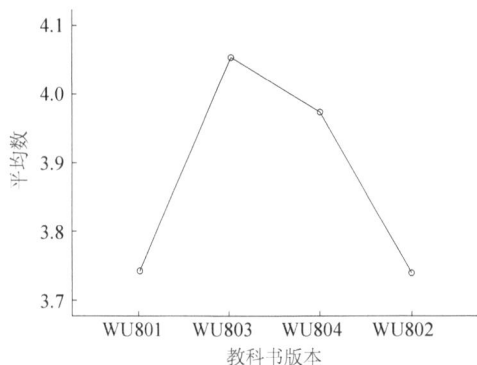

图 4-7　在结果处理上的差异比较

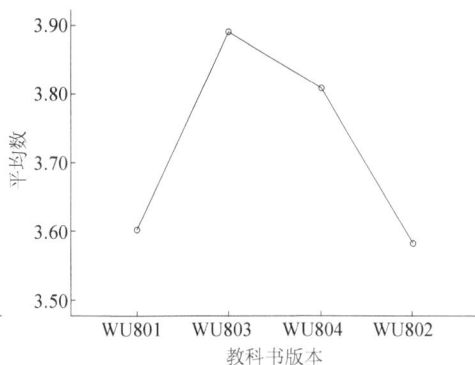

图 4-8　在解释上的差异比较

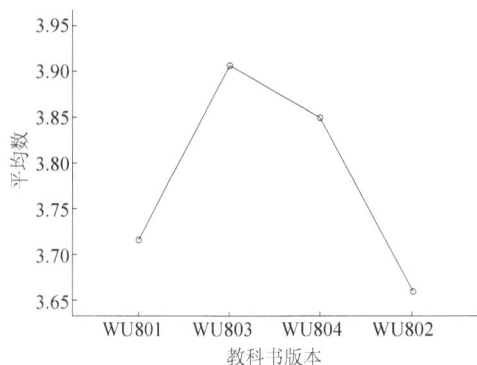

图 4-9　在交流上的差异比较

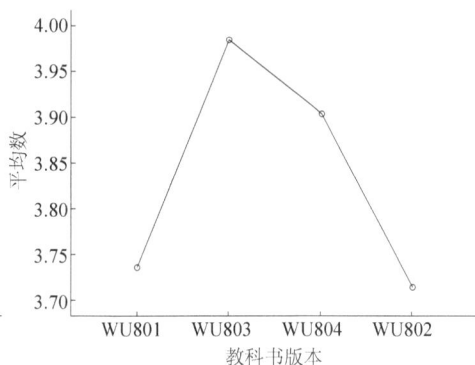

图 4-10　在科学过程性技能上的差异比较

二、使用学生在科学本质上的表现

　　表 4-4 中的结果表明，使用不同版本教材的学生在科学本质所有六个特征上的得分及其总分都高于五点评分量表的平均分 3 分，因此，总体来看我国八年级学生在科学本质上的表现较好。

表 4-4　使用不同版本学生在科学本质上得分的描述统计结果

科学本质	教材版本	M	SD	n
暂时性	WU801	4.162	0.589	98
	WU803	4.118	0.603	235
	WU804	4.271	0.651	242
	WU802	4.245	0.657	320
	总体	4.202	0.665	895
经验性	WU801	2.953	0.712	98
	WU803	3.425	0.648	235
	WU804	3.121	0.714	242
	WU802	3.296	0.683	320
	总体	3.213	0.689	895
主观性	WU801	3.903	0.757	98
	WU803	4.105	0.752	235
	WU804	4.051	0.918	242
	WU802	4.224	0.845	320
	总体	4.125	0.875	895
推论	WU801	3.518	0.634	98
	WU803	3.264	0.598	235
	WU804	3.310	0.729	242
	WU802	3.328	0.623	320
	总体	3.367	0.651	895
创造性	WU801	4.073	0.689	98
	WU803	4.255	0.698	235
	WU804	4.147	0.694	242
	WU802	4.115	0.714	320
	总体	4.167	0.709	895
科学理论和定律	WU801	2.982	0.343	98
	WU803	2.954	0.386	235
	WU804	3.025	0.377	242
	WU802	2.925	0.408	320
	总体	2.951	0.387	895
科学本质	WU801	3.605	0.388	98
	WU803	3.659	0.347	235
	WU804	3.661	0.393	242
	WU802	3.662	0.370	320
	总体	3.645	0.381	895

为了考察使用不同版本教材的学生在科学本质各个特征上的差异，我们以教材版本为自变量，以科学本质的各个特征为因变量进行了多元方差分析。从整体上来看，教材版本差异极其显著（Wilks'Lambda=0.847, F=8.429, p=0.000）。具体结果如表 4-5 和图 4-11～图 4-17 所示。

根据 BONFERRONI 的事后比较结果表明：在科学的暂时性上，使用 WU802、WU804 和 WU803 教材的学生的得分均高于 WU801 教材，使用 WU804 和 WU803 教材的学生的得分均高于 WU802 教材，其他版本之间差异不显著；在科学的经验性上，使用 WU804 和 WU801 教材的得分均高于 WU803 教材，WU804 教材的得分高于 WU802 教材，其他版本之间差异不显著；在科学的主观性上，使用 WU803、WU802 和 WU804 教材的学生得分均高于 WU801 教材，使用 WU803 教材的学生得分高于 WU802 教材，其他版本之间差异不显著；在推论上，使用 WU801 教材的学生得分高于 WU802 教材，其他版本之间差异不显著；在创造性上，使用 WU804 教材的学生得分高于 WU801 教材和 WU802 教材，其他版本之间差异不显著；在科学理论和科学定律的关系上，各个版本之间差异不显著；在 NOS 总分上，使用 WU801 教材的学生得分高于 WU803 教材，使用 WU804 教材的学生得分高于 WU802 教材，其他版本之间差异不显著。

表 4-5　使用不同版本教材学生在科学本质各个特征上的方差分析及事后检验

变异来源	暂时性	经验性	主观性	推论	创造性	科学理论和定律的关系	NOS
平方和	37.275	4.915	65.963	3.948	10.223	0.307	5.788
自由度	3	3	3	3	3	3	3
均方	12.425	1.638	21.988	1.316	3.408	0.102	1.929
F 值	30.832	3.478	31.625	3.126	6.908	0.680	13.836
P 值	0	0.016	0	0.025	0	0.564	0.045
事后检验	4,3,2 > 1	1,3 > 2	4,3,2 > 1	1 > 4	3 > 1		1 > 2
	2,3 > 4	3 > 4	2 > 4		3 > 4		3 > 4

注：1 代表 WU801，2 代表 WU803，3 代表 WU804，4 代表 WU802

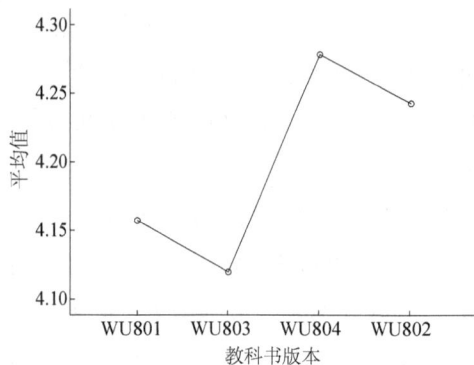

图 4-11 在暂时性上的差异比较

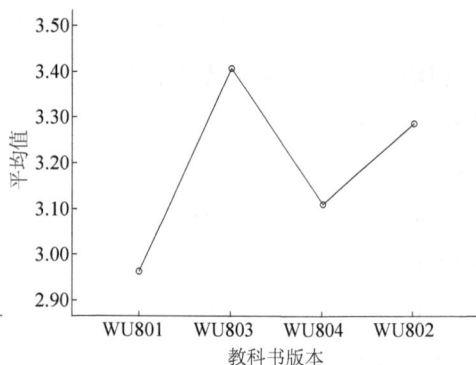

图 4-12 在经验性上的差异比较

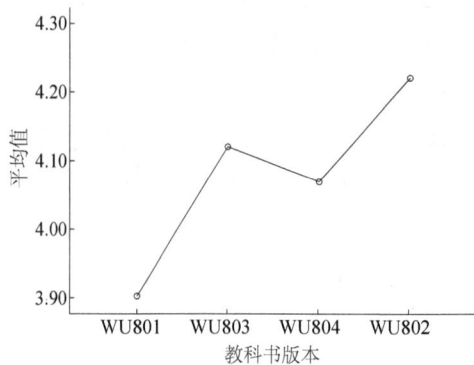

图 4-13 在主观性上的差异比较

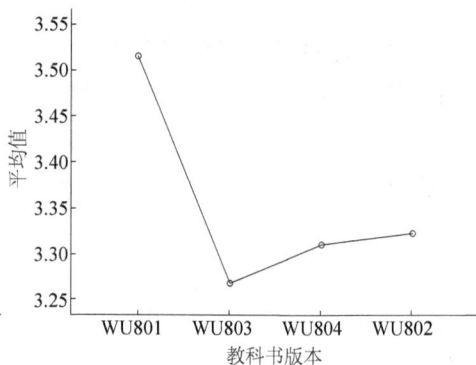

图 4-14 在推论上的差异比较

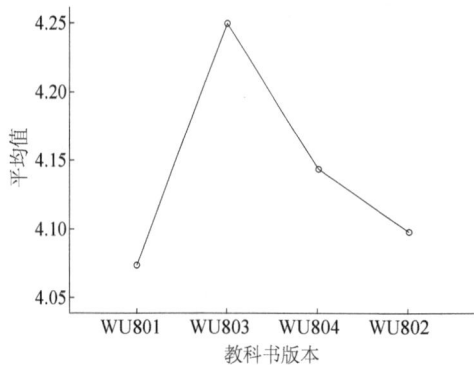

图 4-15 在创造性上的差异比较

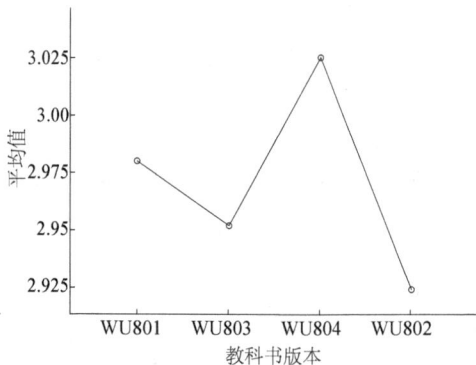

图 4-16 在科学理论和定律关系上的差异比较

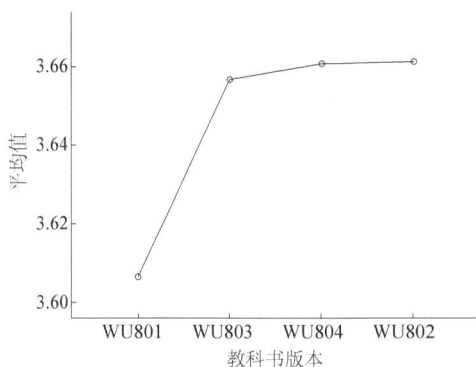

图 4-17　在科学本质上的差异比较

三、教材版本对学生科学探究的影响

通过相关分析和回归分析，来分析教材版本与学生科学过程性技能、科学本质和创造性之间的关系。

（一）教材版本与学生科学过程性技能、科学本质和创造性之间的相关分析

为了分析教材版本因素对科学过程性技能、科学本质和创造性的影响，需要先对各个变量进行相关分析。为此，研究对学校类型和性别变量进行虚拟编码，采用偏相关分析进一步考察控制学校类型、物理成绩和性别 3 个变量后，教材版本与学生科学过程性技能、科学本质和创造性之间的关系，具体如表 4-6 所示。

表 4-6　教材版本与学生科学过程性技能、科学本质和创造性的偏相关分析
（控制学校类型、物理成绩和性别）

	过程性技能	科学本质	创造性倾向
过程性技能	1.000	0.327***	0.322***
科学本质		1.000	0.763***
创造性倾向			1.000
WU801	0.009	− 0.099**	− 0.077**
WU803	0.109**	0.036	− 0.030
WU804	0.050	0.108**	0.096**

结果表明，在控制学校类型、物理成绩和性别变量的影响后，科学过程性技能和科学本质之间正相关极其显著，科学过程性技能和科学本质和创造性倾向性之间正相关均极其显著，虚拟变量 WU801 教材和科学本质及创造性倾向之间负相关非常显著，虚拟变量 WU803 教材和过程性技能相关非常显著，虚拟变量 WU804 教材和科学本质及创造性倾向性之间正相关非常显著。因此，偏相关分析表明，控制了学校类型、物理成绩和性别变量的影响后，教材版本、科学过程性技能、科学本质和创造性倾向之间关系密切。为了考察这些变量对学生科学过程性技能、科学本质和创造性倾向影响的情况，需要进行分层回归分析。

（二）教材版本对科学过程性技能、科学本质和创造性倾向的回归分析

采用分层回归分析方法考察教材版本对科学过程性技能的作用。首先，在第一步采用强迫进入（enter）的方法纳入学校类型、物理成绩和性别；其次，在第二步采用逐步回归分析的方法引入教材版本因素，以考察在控制了上述因素后其对科学过程性技能的影响作用。采用同样方法考察教材版本对科学本质和创造性倾向的作用，具体如表 4-7 所示。

表 4-7　教材版本对科学过程性技能、科学本质和创造性倾向的回归分析

	过程性技能				科学本质			创造性倾向		
	β	ΔR^2	R^2		β	ΔR^2	R^2	β	ΔR^2	R^2
Block1		0.073				0.069			0.021	
市重点 省重点	0.029 0.051				0.048 0.008			0.108* − 0.11**		
物理成绩	0.258***				0.259***			− 0.023		
性别	0.077*				0.015			0.071*		
Block 2										
WU803	0.109**	0.011		WU801	− 0.117**					
WU804	0.107**	0.009		WU804	0.077*					

<table>
<tr><td align="center">$F_{(4, 792)} = 15.637, p < 0.000$</td><td align="center">$F_{(4, 776)} = 14.276, p < 0.000$</td><td align="center">$F_{(4, 801)} = 4.230, p < 0.002$</td></tr>
<tr><td align="center">$F_{(5, 791)} = 4.493, p < 0.000$</td><td align="center">$F_{(5, 775)} = 13.397, p < 0.000$</td><td></td></tr>
<tr><td align="center">$F_{(6, 790)} = 4.165, p < 0.000$</td><td align="center">$F_{(6, 774)} = 11.998, p < 0.000$</td><td></td></tr>
</table>

分层回归分析结果表明，在控制了学校类型、物理成绩和性别因素的影响后，教材版本对科学过程性技能和科学本质仍具有显著的预测作用，但对创造性倾向没有预测作用。学校类型、物理成绩和性别这些因素可以解释科学过程性技能变异量的 1%；教材版本可以解释科学过程性技能变异量的 13.2%，因此教材版本对科学过程性技能具有相对更为重要的预测作用。学校类型、物理成绩和性别这些因素可以解释科学本质变异量的 1%；教材版本可以解释科学本质变异量的 4.2%，因此教材版本对学生对科学本质的认识具有相对更为重要的预测作用。

（三）科学过程性技能和科学本质对创造性倾向的回归分析

采用分层回归分析方法考察科学探究对创造性倾向的作用。首先，在第一步采用强迫进入（enter）的方法纳入学校类型、物理成绩和性别及教材版本；其次，在第二步采用逐步回归分析的方法引入科学过程性技能和科学本质因素，以考察在控制了上述因素后其对创造性倾向的作用，具体如表 4-8 所示。

表 4-8　科学过程性技能和科学本质对创造性倾向的回归分析

	创造性倾向		
	β	ΔR^2	R^2
Block 1		0.024	
市重点 省重点	0.112* − 0.019**		
物理成绩	− 0.045		
性别	0.061		
WU801	− 0.010		
WU803	0.01		
WU804	0.067		
Block 2			
探究性过程技能	0.419**		
科学本质	0.154**		

$F_{(7, 698)} = 2.463, p < 0.017$　$F_{(8, 697)} = 19.417, p < 0.000$　$F_{(9, 696)} = 19.546, p < 0.000$

分层回归分析结果表明，在控制了学校类型、物理成绩、性别和教材版本因素的影响后，科学过程性技能和科学本质对创造性倾向仍具有显著的预测作用。学校类型、物理成绩、性别和教材版本这些因素可以解释创造性倾向变异量的 1.4%；科学过程性技能可以解释创造性倾向变异量的 17.3%，科学本质可以解释创造性倾向变异量的 19.1%，二者能解释创造性倾向变异量的 36.4%，因此科学过程性技能和科学本质对创造性倾向具有相对更为重要的预测作用。

四、教材版本对教师探究式科学教学的影响

（一）使用不同版本教材的教师在科学本质和探究式科学教学自我效能感上的表现

表 4-9 中的结果表明，使用不同版本教材的教师在科学本质上的得分都高于五点评分量表的平均分 3 分，因此，总体来看教师在科学本质上的表现较好。

表 4-9　使用不同版本教师在科学本质上得分的描述统计结果

科学本质	教材版本	M	SD	n
暂时性	WU801	4.156	0.557	17
	WU803	4.119	0.499	14
	WU804	4.277	0.468	33
	WU802	4.242	0.505	77
	总体	4.228	0.500	141
经验性	WU801	2.960	0.644	17
	WU803	3.404	0.656	14
	WU804	3.111	0.468	33
	WU802	3.285	0.482	77
	总体	3.217	0.530	141
主观性	WU801	3.902	0.933	17
	WU803	4.119	0.723	14
	WU804	4.070	0.715	33
	WU802	4.220	0.566	77
	总体	4.137	0.671	141
推论	WU801	3.514	0.602	17
	WU803	3.267	0.583	14
	WU804	3.310	0.450	33
	WU802	3.321	0.560	77
	总体	3.336	0.542	141

续表

科学本质	教材版本	*M*	*SD*	*n*
创造性	WU801	4.073	0.557	17
	WU803	4.250	0.596	14
	WU804	4.143	0.579	33
	WU802	4.097	0.682	77
	总体	4.120	0.632	141
科学理论和定律	WU801	2.980	0.281	17
	WU803	2.952	0.389	14
	WU804	3.025	0.408	33
	WU802	2.924	0.328	77
	总体	2.957	0.348	141
科学本质总分	WU801	3.606	0.271	17
	WU803	3.656	0.291	14
	WU804	3.660	0.243	33
	WU802	3.661	0.261	77
	总体	3.654	0.259	141

为了考察使用不同版本教材的教师在科学本质上的差异，我们以教材版本为自变量，以科学本质的各个特征为因变量进行了多元方差分析。从整体上来看，教材版本差异不显著（Wilks' Lambda=0.841, F=1.314, p=0.175）。具体的方差分析结果如表 4-10，除了在经验性上差异显著外（BONFERRONI 事后检验没有差异），其他差异都不显著。

表 4-10 使用不同版本教材教师在科学本质各个特征上的方差分析

变异来源	暂时性	经验性	主观性	推论	创造性	科学理论和定律的关系	NOS
平方和	0.350	2.343	1.629	0.645	0.331	0.246	0.044
自由度	3	3	3	3	3	3	3
均方	0.117	0.781	0.543	0.215	0.110	0.082	0.015
F 值	0.461	2.893	1.210	0.726	0.272	0.669	0.216
P 值	0.710	0.038	0.309	0.538	0.846	0.572	0.885

另外，为了考察不同教材版本、性别、职称、学校类型的教师在探究式科学教学自我效能感上的差异，我们分别以不同教材版本、性别、职称、学校类型为自变量，以探究式科学自我效能感各维度为因变量进行了多元方差分析。从整体上来看，教材版本差异不显著（Wilks' Lambda=0.804, F=1.119, p=0.313），

性别差异不显著（Wilks' Lambda=0.927, F=1.164, p=0.323），职称差异不显著（Wilks' Lambda=0.877, F=0.928, p=0.545），学校类型差异不显著（Wilks' Lambda=0.884, F=0.925, p=0.548）。具体的方差分析结果也表明差异都不显著。

（二）教材版本与教师探究式科学教学和科学本质之间的相关分析

通过相关分析和回归分析来分析教材版本与教师探究式科学教学自我效能感和科学本质之间的关系。

为了考察教材版本对教师探究式科学教学自我效能感和科学本质的影响，需要先对各个变量进行相关分析。为此，研究对学校类型、性别和职称变量进行虚拟编码，采用偏相关分析法来考察控制了学校类型、职称、教龄和性别变量后，教材版本与教师探究式科学教学自我效能感和科学本质之间的关系，具体如表 4-11 所示。

结果表明，在控制了学校类型、教龄、职称和性别变量的影响后，教师探究式科学教学自我效能感和科学本质之间正相关非常显著，其他变量间相关均不显著。因此，下面仅对科学本质对教师探究式科学教学自我效能感的影响进行回归分析。

表 4-11　教材版本与教师探究式科学教学自我效能感和科学本质之间的偏相关分析分析结果
（控制学校类型、教龄、职称和性别）

	探究式科学教学自我效能感	科学本质
探究式科学教学自我效能感	1.000	0.237**
科学本质		1.000
WU801	− 0.042	− 0.097
WU803	0.004	0.151
WU804	− 0.081	− 0.057

（三）教师科学本质对探究式科学教学自我效能感的回归分析

采用分层回归分析来考察科学本质对教师探究式科学教学自我效能感的作用。第一步采用强迫进入（enter）的方法纳入教材版本、学校类型、教龄、职称和性别变量；第二步采用逐步回归分析的方法纳入科学本质因素，以考察在控制了上述因素后其对教师探究式科学教学自我效能感的影响作用，具体如表 4-12 所示。

表 4-12 科学本质对教师探究式科学教学自我效能感的回归分析

项目	创造性倾向		
	β	ΔR^2	R^2
Block 1		0.049	
市重点	0.124		
省重点	0.299**		
教龄	− 0.028		
性别	0.091		
中一	0.097		
高级	0.222		
WU801	− 0.021		
WU803	0.135		
WU804	− 0.066		
Block 2			
科学本质	0.227**		
科学本质	0.154**		

$F_{(9, 123)} = 1.832, p < 0.069$ $F_{(10, 122)} = 2.454, p < 0.010$

分析结果表明，在控制了教材版本、教龄、学校类型、性别和职称因素后，科学本质对教师探究式科学教学自我效能感仍具有显著的预测作用。教材版本、学校类型、教龄、职称和性别这些因素可以解释教师探究式科学教学自我效能感变异量的 5%；科学本质可以解释教师探究式科学教学自我效能感变异量的10%，因此科学本质对教师探究式科学教学自我效能感具有相对更为重要的预测作用。

五、控制了变量后教材版本对学生科学探究的影响

研究构建的二层模型中第一层次是学生，第二层次是教师，层次一的模型和传统的回归模型一样，其差异在于回归方程的截距和斜率不再是一个常数，而是一个随机变量，每个学生回归方程的截距和斜率都随着第二层变量（教师变量）变化而变化，这就构成了教师-学生二层模型。研究的一层变量（个体效

应）为：教材版本、学生的性别、物理成绩和学校类型；第二层变量（教师效应）为：教师性别、教龄、学校类型、职称、教师对科学本质的认识和教师的探究式科学教学自我效能感。因变量分别是学生的科学过程性技能和学生对科学本质的认识。表 4-13 是零模型分析结果。

表 4-13　零模型分析结果

变量	学生的过程性技能	学生对科学本质的认识
教师间变异	0.012	0.089
教师内变异	0.316	0.364
总变异	0.328	0.453
跨级相关	0.038	0.196
跨级相关系数	3.75%	19.64%
p	0.102	0.02

进行多水平分析时，首先需要看零模型的结果，以检验教师间的变异是否足够大，如果检验的结果不显著，则说明教师间的变异不显著，可以认为学生来自同一个教师总体，那么就没有必要使用多水平分析了，其分析的效果同单一水平的分析效果相同。表 4-13 结果表明，学生的过程性技能的零模型结果显示，$p=0.102$，且跨级相关系数为 0.0375，即学生的过程性技能的教师间变异仅占总变异的 3.75%，即对学生的过程性技能的多水平分析和单一水平的分析结果相同。学生对科学本质的认识的零模型结果显示，$p=0.02$，跨级相关系数为 0.1964，即学生对科学本质的认识的教师间变异占总变异的 19.64%，需要做多水平分析。表 4-14 和表 4-15 分别是学生的过程性技能和学生对科学本质的认识的二层全模型分析结果。

表 4-14　学生的过程性技能的二层全模型分析结果

固定效应	系数	标准误	t	自由度	p
INTRCPT2 , G00	3.703	0.350	10.571	124	0.000
教师性别 , G01	−0.061	0.048	−1.255	124	0.212
教龄 , G02	−0.010	0.004	−2.430	124	0.017
市重点教师 , G03	−0.118	0.062	−1.881	124	0.062
省重点教师 , G04	−0.018	0.058	−0.300	124	0.764
中一级职称 , G05	0.175	0.065	2.687	124	0.009
高级职称 , G06	0.225	0.091	2.474	124	0.015
教师 NOS , G07	0.102	0.102	0.999	124	0.320

续表

固定效应	系数	标准误	t	自由度	p
教师 TSI，G08	−0.109	0.063	−1.725	124	0.087
学生性别，G10	0.098	0.043	2.265	534	0.024
学生物理成绩，G20	0.009	0.001	4.844	534	0.000
市重点学生，G30	0.235	0.064	3.640	534	0.001
省重点学生，G40	0.163	0.060	2.687	534	0.008
WU801，G50	0.125	0.091	1.377	534	0.169
WU803，G60	0.204	0.062	3.290	534	0.001
WU804，G70	0.171	0.063	2.707	534	0.007

　　表 4-14 的结果表明，教师水平变量中，教龄和职称显著。当控制了其他教师水平的变量后，教龄每增加 1 年，学生的过程性技能就会减少 0.01 分；当控制了其他教师水平的变量后，和中教二级职称的教师相比，中教一级职称的教师所教授的学生的过程性技能就会增加 0.18 分；和中教二级职称的教师相比，中教高级职称的教师所教授的学生的过程性技能就会增加 0.23 分。学生水平变量中，性别、物理成绩、学校类型、WU803 和 WU804 教材（教材版本）均显著。当控制教师水平变量和其他学生水平变量后，学生的物理成绩每提高 1 分，学生的过程性技能就会提高 0.01 分；男生的过程性技能比女生高 0.1 分；市重点学校的学生的过程性技比一般学校的学生高 0.24 分；省重点学校的学生的过程性技能比一般学校的学生高 0.16 分；使用 WU803 教材的学生比使用 WU802 教材的学生的过程性技能高 0.20 分；使用 WU804 的学生比使用 WU802 的学生的过程性技能高 0.17 分。该结果说明在控制了教师水平变量和学生水平其他变量之后，教材版本仍然是影响学生科学过程性技能的重要因素。

表 4-15　学生对科学本质的认识的二层全模型分析结果

固定效应	系数	标准误	t	自由度	p
INTRCPT2，G00	3.189	0.216	14.719	124	0.000
教师性别，G01	−0.006	0.033	−0.180	124	0.858
教龄，G02	−0.003	0.003	−0.957	124	0.341
市重点教师，G03	−0.010	0.046	−0.224	124	0.823
省级重点教师，G04	0.035	0.048	0.736	124	0.463
中一级教师，G05	0.002	0.056	0.048	124	0.962
高级教师，G06	0.093	0.083	1.116	124	0.267
教师 NOS，G07	0.123	0.065	1.881	124	0.062

续表

固定效应	系数	标准误	t	自由度	p
教师 TSI, G08	−0.013	0.038	−0.342	124	0.733
学生性别, G10	0.019	0.031	0.641	534	0.521
学生物理成绩, G20	0.004	0.001	3.142	534	0.002
市重点学生, G30	0.085	0.040	2.136	534	0.033
省重点学生, G40	0.064	0.046	1.367	534	0.172
WU801, G50	−0.043	0.068	−0.639	534	0.523
WU803, G60	0.126	0.034	3.676	534	0.000
WU804, G70	0.066	0.044	1.487	534	0.138

表 4-15 的全模型的结果显示，教师水平变量均不显著；学生水平变量中，物理成绩、学校类型和教材版本均显著。当控制教师水平变量和其他学生水平变量后，学生的物理成绩每提高 1 个单位，学生对科学本质的认识就会提高 0.004 分；市重点学校的学生对科学本质的认识比一般学校的学生高 0.09 分；使用 WU803 教材的学生比使用 WU802 教材的学生对科学本质的认识高 0.13 分。该结果说明在控制了教师水平变量和学生水平其他变量之后，教材版本仍然是影响学生对科学本质认识的重要因素。

第四节　对研究结果的讨论

一、关于使用不同版本教材学生在科学探究上的表现的讨论

从整体上来看，八年级学生的科学过程性技能以及对科学本质的理解情况还是比较好的，平均得分都高于 3 分，而且大部分都接近于 4 分。一方面，从 20 世纪末开始，我国从国家层面开始强调在基础教育中培养学生科学素养的重要性，并把科学探究的具体要求写入了义务教育的新课程标准中（中华人民共和国教育部，2001），我国公众的科学素养状况结束了长期停滞不前的局面，出

现了逐步增长的趋势（何薇，2004）。而在我国，作为基础教育的直接受众者，学生的科学过程性技能和对科学本质的理解表现较好也就不足为奇了。但另一方面，由于研究是对学生科学过程性技能和科学本质的测量都采用的是问卷调查法，虽然在编制问卷的时候已经考虑到了社会赞许性效应，把问卷的测量目的隐去，即便如此，由于受研究方法的限制，很难避免社会赞许效应。

研究发现，使用不同版本教材的学生在科学探究上的表现存在差异。

1）结合本书对不同版本教材的分析结果（表 3-8 和表 3-9）来看学生在科学过程性技能上的差异。①在提出问题要素上，使用 WU804 和 WU803 教材的学生的得分均高于 WU802 教材，其他版本之间差异不显著，而表 3-8 和表 3-9 的结果表明，WU804、WU803、WU802 和 WU801 教材有 13%、7%、6% 和 5% 的实验项目是开放性的和认知上要求较高，这和第四章的结果趋势一致。②在形成假设要素上，使用 WU804 和 WU803 教材的学生的得分均高于 WU802 教材，其他版本之间差异不显著；而第三章表 3-8 和表 3-9 的结果表明，WU804、WU803、WU802 和 WU801 教材分别有 19%、2%、3% 和 10% 的实验项目是开放性的和 15%、5%、3% 和 5% 的实验项目在认知上要求较高，这和第四章的结果趋势一致。③同样，在确定变量和控制要素上，使用 WU803 教材的学生的得分高于 WU802 教材，其他版本之间差异不显著。④在解释要素上，使用 WU803 教材的学生的得分高于 WU802 和 WU801 教材，使用 WU804 教材的学生的得分高于 WU802 教材，其他版本之间差异不显著；这些研究结果都和第三章的结果在趋势上基本一致。⑤也有存在不一致的地方：在实验装置要素上，使用 WU804 和 WU803 教材的学生的得分均高于 WU802 教材，其他版本之间差异不显著；但第三章中 WU804 教材无论是开放度上还是在认知操作度上都不比 WU802 教材好，二者趋势不一致。⑥在观察要素、观察结果处理要素上和交流要素上，第四章和第三章的趋势不一致，但并没有出现相反的趋势。因此，总体来说，第三章和第四章在科学探究过程的大部分要素上的研究结果的趋势是基本一致的，这说明研究建构的中学科学教材中科学探究过程的评价指标具有一定的辨别效度。

2）学生在科学本质认识上的差异。①从 NOS 的总分来看，使用 WU801 教材的学生得分高于 WU803 教材，这和第三章表 3-10 的研究结果的趋势不一致；使用 WU804 教材的学生得分高于 WU802 教材，其他版本之间差异不显著，这和第三章表 3-10 的研究结果的趋势一致。②在科学的暂时性上，使用 WU802、WU804 和 WU803 教材的学生的得分均高于 WU801 教材，这和第三章表 3-10 的研究结果的趋势一致，而第四章的研究发现在科学的暂时性上使用 WU804 和 WU803 教材的学生的得分均高于 WU802 教材，这和第三章表 3-10 的研究结果的趋势不一致。③在科学的经验性上，使用 WU804 和 WU801 教材的学生的得分均高于 WU803 教材，WU804 教材的得分高于 WU802 教材，其他版本之间差异不显著，这和中学科学教材中科学探究的比较研究表 4-10 的研究结果的趋势完全一致。④在科学的主观性上，使用 WU803、WU802 和 WU804 教材的学生得分均高于 WU801 教材，使用 WU803 教材的学生得分高于 WU802 教材，其他版本之间差异不显著，这和中学科学教材中科学探究的比较研究表 4-10 的研究结果的趋势不一致。⑤在推论上，使用 WU801 教材的学生得分高于 WU802 教材，其他版本之间差异不显著，这和中学科学教材中科学探究的比较研究表 4-10 的研究结果的趋势一致。⑥在创造性上，使用 WU804 教材的学生得分高于 WU801 和 WU802 教材，其他版本之间差异不显著，这和中学科学教材中科学探究的比较研究表 4-10 的研究结果的趋势不一致。⑦在科学理论和科学定律的关系上，各个版本之间差异不显著，这和中学科学教材中科学探究的比较研究表 4-10 的研究结果的趋势是一致的。因此，总体来说，中学科学教材中科学探究的比较研究和科学教材对学生的影响研究在科学本质上研究结果的趋势是基本一致的，这说明研究建构的中学科学教材中科学本质的评价指标具有较好的辨别效度。

总之，通过以上对中学科学教材中科学探究的比较研究和科学教材对学生的影响研究结果的比较来看，虽然二者存在少部分的不一致，但大部分研究结果具有一致性，因此可以说研究建构的中学科学教材中的科学探究的评价指标体系具有较好的辨别效度。

二、关于影响学生和教师科学探究因素的讨论

研究结果发现，在控制了教师水平变量（性别、教龄、职称、教师对科学本质的理解和教师的探究式科学教学自我效能感）和学生水平其他变量（性别、物理成绩和学校类型）的影响后，教材仍是影响学生科学探究的一个重要因素，

但教材并不影响教师对科学本质的理解以及教师的探究式科学教学自我效能感。这一方面从实证的视角验证了教材是影响学生学习的重要因素，说明了教材的质量对学生科学学习的重要性；另一方面也说明科学教材并不能提高或降低教师对科学本质的认识以及教师的探究式科学教学自我效能感，也就是说我们不能期望仅仅通过提高科学教材的编写质量来改变教师对科学本质的认识和教师的探究式科学教学自我效能感。

已有大量研究发现，教师的教学自我效能感和教师的教学效果和教学行为（提问对象、课堂提问的认知水平、课堂时间的安排和对学生的反馈方式）关系密切，教学效能感高的教师的课堂教学行为更有利于学生发展，教学效果更好（辛涛，等，1994; 俞国良，等，1995; 李晔，刘华山，2000）。因此，必须通过专题性的科学探究教师培训来提高教师对科学本质的认识和教师的探究式科学教学自我效能感，这样才能保证教师更好地进行探究式科学教学。

Abd-EI-Khalick 等（2008）认为即使教师理解了科学本质也并不一定能在教学上向学生传授正确的科学本质，这是因为有许多因素影响教师如何把科学本质的正确理解转化为教学实践，而其中一个重要的因素就是教师进行探究式科学教学的自信即教师的探究式科学教学自我效能感。

研究发现，教师对科学本质的认识是探究式科学教学自我效能感的一个重要预测变量，在控制了教材版本、学校类型、教龄、职称和性别因素的影响后，科学本质可以解释教师探究式科学教学自我效能感变异量的10%，而教材版本、学校类型、教龄、职称和性别这些因素只能解释教师的探究式科学教学自我效能感变异量的5%（仅仅到达边缘显著水平，p=0.069）。因此，要想使科学教师更为有效地进行探究式科学教学，首先要提高教师对科学本质的认识，但这仅仅是必要条件而非充分条件。

研究还发现，学生科学过程性技能和科学本质认识是学生创造性倾向的重要预测变量。在控制了学校类型、物理成绩、性别和教材版本因素的影响后，学生科学过程性技能能解释创造性倾向变异量的17.3%，学生对科学本质的认识能解释创造性倾向变异量的19.1%，二者对创造性倾向变异量的解释量达到36.4%。因此学生的科学过程性技能以及对科学本质的认识对于培养学生的创造性至关重要。学者认为发现（discovery）、探究（inquiry）和创造性（creativity）经常被看作同义词（Lucas, 1971），只有让学生学会如何去发现值得探究的科学问题，在正确科学认识论（科学本质）的指导下，进行自主的科学探究过程，才能创造性地解决该问题，从而获得高级的科学推理能力和相应的科学知识，并为下一次的科学探究打下基础。

第五节　研究结论

通过以上研究，得出结论如下。

1）八年级学生在科学探究上的表现较好，且使用不同版本教材的学生在科学探究上的表现存在差异。

2）通过对比中学科学教材中科学探究的比较研究对不同版本教材的分析结果和科学教材对学生的影响研究对使用不同版本教材的学生在科学探究上的表现，发现研究建构的中学科学教材中科学探究的评价指标体系具有较好的辨别效度。

3）科学教材是学生科学探究的重要预测变量。在控制了学校类型、物理成绩和性别因素的影响后，教材能解释学生科学过程性技能变异量的13.2%，教材能解释学生对科学本质认识变异量的4.2%。多水平分析结果表明，在控制了教师水平的变量（教师性别、教龄、职称、教师对科学本质的认识和教师的探究式科学教学自我效能感）和学生水平的其他变量（性别、物理成绩和学校类型）后，教材仍然是影响学生科学探究的重要因素。

4）学生的科学过程性技能和对科学本质的认识是创造性倾向的重要预测变量。在控制了学校类型、物理成绩、性别和教材版本因素的影响后，学生的科学过程性技能能解释创造性倾向变异量的17.3%，学生对科学本质的认识能解释创造性倾向变异量的19.1%。

5）教师对科学本质的认识是教师探究式科学教学自我效能感的重要预测变量。在控制了教材版本、学校类型、教龄、职称和性别因素的影响后，科学本质可以解释教师探究式科学教学自我效能感变异量的10%。

第五章

研究结果的再探讨及建议

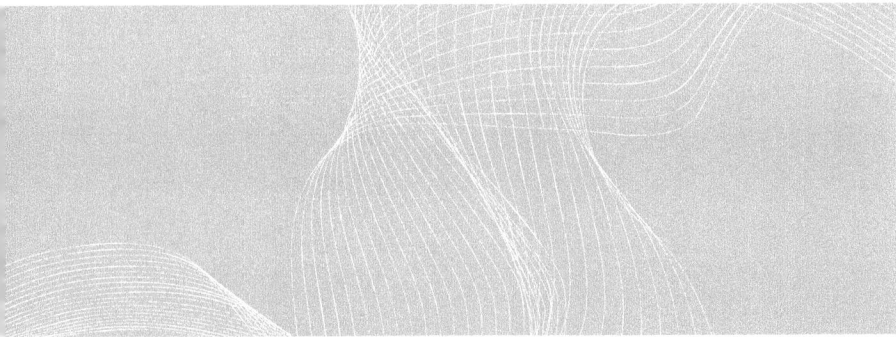

第一节　研究结果的再探讨

一、评价指标体系的信度和效度问题

研究采用静态和动态相结合的研究方法，静态的研究方法主要是内容分析法，内容分析法是一种将定性资料转化为定量资料的研究方法，分析的过程是由质转量，然后以量来推论内容质上的变化，是质和量并重的一种研究方法。为了保证内容分析法在定性向定量转化过程中的客观和有效，也就是内容分析的信度和效度问题，内容分析法的关键也是最重要的一步就是分析文本的编码框架（也就是研究所说的评价指标系统），只有编码框架有效才能保证质向量转化的效度，只有编码框架具有可操作性才能保证分析过程的信度。

研究在建构中学科学教材中科学探究的评价指标体系的过程中，首先，在科学探究相关文献分析的基础上提出了科学探究的内涵包括科学探究过程和对科学探究过程的理解两个方面，并且根据已有实证研究发现科学过程性技能和对科学探究过程的理解不可相互替代，必须单独分开进行培养和评价（Ko，2008）。Abd-El-Khalick 等（2008）认为科学本质（NOS）属于广义科学认识论的范畴，而不是科学过程性技能（SPS），二者虽然有一定的关系，但并不相同。科学过程性技能包括基本过程性技能和整合过程性技能，是科学认识论的具体行动过程。正如 Kuhn（2001）认为的进行科学调查的过程并不需要对认识论的理解，例如，观察是一种基本的科学过程，学生和科学家能进行多种水平的观察以及采用多种观察仪器进行观察，但是理论驱动的观察属于 NOS 的范畴，进行观察并不必然会使观察者领悟或理解观察的理论驱动的科学本质这一概念。因此，对教材进行分析需要对 SPS 和 NOS 进行区分，因为二者不会自动互相替代。因此，研究认为科学教材的评价指标体系应该包括科学探究过程的评价指标和科学本质的评价指标两个方面。

其次，在理论建构科学探究过程的评价指标时，研究根据不同学者对科学探究的分类的内涵（Herron,1971; Hegarty-Hazel, 1986; 洪振方，2003; 白佩宜 & 许瑛珣，2011; NRC, 1996; Germann, Haskins, Auls, 1996）以及目前国际科学教育的最新趋势（Abd-EI-Khalick, et al., 2004a），认为开放式的科学探究才更有利于学生获得科学过程性技能，因此认为探究过程的开放度是评价指标的一个重要维度。但是 Chinn 和 Malhotra（2002）认为 Germann, Haskins 和 Auls 提出的分析教材的概念框架仅包括了开放度一个维度，这是简单科学探究和真科学探究均具有的属性和特征，并不能有效地区分真科学探究，并认为真科学探究在认知操作上的一些特征是真科学探究和简单科学探究的重要区分指标。因此，研究在此基础上认为探究过程的认知操作度是评价指标的另一个重要维度，并综合了不同学者和教育部颁布的《九年义务教育物理课程标准（实验稿）》和《义务教育物理课程标准（2011 年版）》中对科学探究过程要素的界定。在这些研究成果的基础上，分别对提出问题、形成假设、选择变量、实验控制、实验装置选择、观察、观察结果的处理、解释和交流等 9 个科学探究过程要素从开放度和认知操作度上提出了各自的评价标准。这些指标既有一定的理论基础又具有较高的操作性。

最后，在对科学哲学家、科学史学家、哲学家和社会学家对科学本质的概念内涵和构成成分的梳理的基础上，综合了已有学者提出的中小学阶段应该教授给学生一些没有争议的科学本质的特征（Lederman, 1998），以及美国国家教育发展评价小组认为学生对科学本质的理解具有年龄性等观点。研究认为中学科学教材中科学本质的评价指标包括科学的暂时性、经验性、主观性、创造性、推论、科学理论和科学定律这七个特征，这七个方面虽然并不一定全部囊括了中学生所应掌握的全部科学本质，但这些应该是中学生必须理解的科学本质。综合以上的分析，我们认为研究所建构的中学科学教材中科学探究的评价指标体系具有较好的建构效度。

虽然研究建构的中学科学教材中科学探究的评价指标体系具有较好的建构效度，但该指标体系仍然是推论性的，需要进一步的完善和验证。研究通过专家访谈法来完善建构的评价指标体系，共选取了 21 名专家通过邮件或访谈来调查专家对评价指标的看法。21 名专家的构成包括 4 名科学探究理论研究专家，7 名学科课程论方面的专家以及 10 名教授初高中物理、生物、化学和地理学科的一线教师，具有一定的代表性。在广泛听取专家意见的基础上，我们完善了评价指标体系，并让专家进一步确定，因此，研究完善后的中学科学教材中科学探究的评价体系具有一定的专家效度。为了验证指标体系的辨别效度，研究采用动态的研究方法——问卷调查法，通过比较使用不同版本教材的学生和教师在科学探究上的表现，为指标体系提供了辨别效度。

为了保证研究分析的信度，首先，研究分析所采用的指标体系在可操作性方面得到了专家的认可。其次，有研究者认为在分析教材时，编码者的经验能确保分析的可靠性（Babbie, 1998）。研究中的 6 个编码者全部都是物理教学论的硕士研究生，这 6 名物理教学论研究生对中学科学教材中科学探究评价指标的建构和完善的中学科学教材中科学探究的评价指标体系和评分标准进行了充分的讨论和学习；为了让编码者更熟悉编码任务，还让 6 名物理教学论研究生进行了归类编码练习。最后，研究者认为规范的分析程序能够确保分析教材的评分者间信度。第一，所有的评分者都是独立地进行分析和评分的，而且每一个分数都有教材中的相关的内容来支撑。第三，论文作者和另外两个物理教学论方向的硕士生导师（博士、教授）一起逐项讨论了编码者的分析内容和评分，并对编码者之间的差异进行了分析和讨论，最终确定了研究的分析结果。因此，研究对科学教材的分析具有较好的信度。

二、我国初中物理教材中科学探究的总体情况——初中物理教材中缺少的科学探究要素

（一）我国中学科学教材中科学探究的重要性

教材在整个教育中的作用毋庸置疑。美国的一项调查表明"教材依然是课堂教学中的主角，教材决定了学校 75%～90% 的教学内容和教学活动"

（Chambliss, et al., 1998）。世界银行在 20 世纪 80 年代对世界各国使用教材的情况进行了调查，结果发现教材是决定学生成就高低的重要指标，教材水平的高低反映了一个国家所提供给学生的学习内容和经验，决定着未来一代的科学文化素养（王岳，2000）。虽然教材并不会直接决定学生的发展，但教材在整个教学系统中决定着其他教学要素，如教学目标、教学方法、教学评价等，因此，一些学者认为一个国家在教材上的投入对这个国家教育质量的提升比其他任何方面都要显著（王岳，2000）。

和其他国家相比，教材在我国基础教育中的地位更是有过之而无不及，它不仅决定着学生的学习内容和教师的教学范围，还决定着教师的教学方式和教师对学生的评价方式，甚至还会影响教师的职业发展，例如，在中国的传统教育体制下，教师没有权利进行课程开发和自由选择教材，因此，教师仅仅是教育政策的执行者，没有过多的职业自由和责任。

如果教材中的探究活动和科学本质对教师的教学提出了新的要求，而教师发现这些新的要求在教师现有的认识水平和教学模式下不能很好地完成，那么教师就会主动寻求自我教育或继续教育的机会，从而促进教师的职业发展，例如，有研究发现（Abd-EI-Khalick, et al., 2004b），对于如何让教师认识到教授科学本质的重要性的途径并不清楚，但如果教材中融入了外显的科学本质，那么这种现象将会有所改观。科学教师就会积极去寻求关于如何教授科学本质的专业发展机会。另外，从对科学教材对学生的影响研究中也发现，科学教材是影响学生科学过程性技能和对科学本质理解的重要因素。

（二）对初中物理教材中科学探究的现状的思考

研究结果发现，5 个版本教材中的探究活动无论是在开放度上还是在认知操作度上都不能满足真科学探究的要求，不利于培养学生的科学探究能力。

在开放度方面，5 个版本教材在科学探究的 9 个要素（过程）上让学生主动参与探究的比例都在 4% ～ 7%，教材留给学生自主的程度比较低。大部分的探究活动都是让学生去探究一个已经知道答案，并且是表面性的现象，很少涉及对科学理论的思考，并且即使这些简单的探究活动，教材也都在大部分的探究要素上规定好了学生该一步步如何做，学生只要按照"食谱"去做就行了，根本不用自主选择研究问题，不用自己去选择变量，以及思考如何控制变量，更不用说复杂的实验控制技术。同样地，学生也不用自己去选择实验仪器或装置，只用把要求的实验仪器或装置操作一下，并按照给定好的表格把教材上要求的数据记录下来，按照教材的要求对观察到的数据进行简单处理，也没有考虑观察可能会产生偏差。此外，教材一般都会以填空的形式给出对实验结果的解释，学生需要的仅仅是填写几个词语而已；教材中的探究活动很少要求学生进行任何形式的多重系列递进研究，并且教材中的探究任务根本不要求学生去研读真正的专家研究报告。

在认知操作度方面，既然教材中的探究活动都是已经给定好的探究问题，那么要求学生根据问题情景结合已有知识提出研究问题，或要求学生在阅读研究报告的基础根据问题情景提出研究问题就只能是句空话，教材中的探究活动也几乎没有要求学生提出备择假设或对实验结果进行预测。也几乎没有任何探究活动让学生自己选择甚至自己创造并操作定义变量，要求学生自己设计实验程序控制变量或自己选择和设计实验仪器。虽然有一些探究活动要求学生对探究结果进行处理，但仅仅是简单的数学处理，并且比例也很低，根本没有一个探究活动要求学生进行相对复杂的数学处理。也有部分探究活动要求学生对探究结果进行解释，但主要集中在解释实验结果是否符合某种理论的解释，而对于是否有替代性的解释、实验结果和研究问题之间的关系需要复杂的推论链、能否整合多个研究结果、实验结果能否概化以及建构理论模型来解释实验结果等这些真科学探究的认知过程几乎所有的探究活动都没有任何涉及。教材中的探究活动也很少让学生反思实验存在的问题以及要求学生根据研究结果提出新的研究问题进行系列性研究。

在科学本质方面，5个版本教材中对科学的主观性、科学理论和科学定律这三个科学本质都没有任何表征。而五本教材对科学本质的其他四个特征（科学的暂时性、经验性、创造性和推论）的表征也明显不足，我们分析的文本近10万字，但5个版本中对科学的暂时性和经验性的表征都只有不足10处，而且5个版本的教材中只有两处对科学本质的表征是外显观。另外，虽然有研究发现国外的教材中没有任何一本关注到了科学本质的所有方面（Abd-EI-Khalick, et al., 2008），但我们比较了国外的研究结果发现，国外教材中对我们中学科学教材中科学探究评价指标的建构和完善研究所建构的学生必须掌握和理解的七个科学本质的表征相对来说是比较好的，这值得课程设计者、教材编写者和教材审定者去思考。

另外，国外 Abd-El-Khalick 等（2008）的研究发现过去 40 年出版的教材，除了推论这一科学本质以外，其他 9 个都呈下降趋势，其中，20 世纪 60 年代出版的教材得分最高，1966~1982 年出版的教材得分不低于 1982 年后出版的教材，这种现状令人担忧。更让人不安的是，从 20 世纪 90 年代起，美国科学教育开始强调科学本质在大学前科学教育中的重要性，并通过美国科学教育标准（AAAS, 1990）促使教材把科学本质纳入科学教材中去，但是 20 世纪 90 年代以后这 20 年间出版的教材并没有过多关注科学本质，即教材中对科学本质的表征与美国科学教育改革的要求背道而驰。

我国的情况怎样呢？由于我国 2001 年才进行新课改，并首次在新课标中明确要求教材中要体现科学探究的重要内涵。教育部根据新课标于 2003 年审定通过了 5 个版本的初中物理教材，并于 2012 年才进行了新一轮的教材审定工作，因此，不可能有相关的研究来比较前后两个版本教材在科学探究上的变化。但我们通过对前后两个版次（五个出版社）的初中物理八年级上册教材的比较发现，二者只是在细节上进行了略微调整，其内容基本没有变化，因此，我们可以说，令人欣喜的是我们的教材并没有在科学探究上呈现下降趋势。

（三）关于科学探究过程和科学本质的关系的讨论

王晶莹（2011）认为科学本质是指科学知识的特点以及和发展这些特点相关的价值观和信念，而科学探究是有关科学知识发展过程的特征，二者之间不可分割，存在密切关系，他们都属于科学认识论的范畴，是科学情景中的认识论。学生进行科学探究有利于他们对科学本质的理解，而对科学本质理解的加深有助于学生发展更高层次的科学思维能力。Ko（2008）通过对 97 名五年级学生开放式问卷和访谈来探讨基于证据的解释的能力（abilities to develop evidence-based explanations, UEBE）和对基于证据的解释理解（understandings about evidence-based explanations, ADEE）二者之间的关系，结果发现，五年级学生的 UEBE 和 ADEE 之间不相关，其结果并不支持许多科学教育者的直觉，即学生的科学探究能力能反映出他们对科学探究的理解。相反，该研究结果表明应该分开来评价学生对基于证据的解释的理解和基于证据的解释能力，不能通过学生对基于证据的解释的理解来推论其基于证据的解释能力，学生也不会通过发展基于证据的解释能力来提升对基于证据的解释的理解。因此，建议科学教育者既要教授学生 UEBE 又要教授学生 ADEE，因为二者不会自动互相替代。

研究认为科学本质是对科学探究过程和结果的理解。Ko（2008）的研究表明学生科学探究能力和科学本质的认识之间不相关，并且建议科学教育者应该采取不同的教学策略和评价方式分别提高学生的科学探究能力和提升对科学本质的认识，因此，研究认为教材作为学校教育中最重要的课程资源也应该体现这两方面的内容，在分析和评价基于科学探究的教材评价指标体系中也应该包括这两个方面的指标，不可相互替代。

第二节　对我国科学课程设计和教材编写的启示

一、教材编写者、审定者和教师教育的启示

（一）对科学教材编写者和审定者的启示

《义务教育物理课程标准（2011 年版）》的基本特点之一是强调让学生通过科学探究活动学习物理课程中的内容。《义务教育物理课程标准（2011 年版）》要求"给学生提供必要的科学探究机会，让学生自己去思考、动手实验和查阅文献等，经历科学探究过程、体验科学探究过程的艰辛和乐趣、发展科学探究能力以及增强对科学探究的理解"。但总体来看，《义务教育物理课程标准（2011 年版）》对科学探究的规定比较笼统，缺乏可操作性。例如，新课标中仅列出了科学探究的要素，但没有提出每个探究要素的分阶段要求；仅列出了每一阶段学生必做的实验项目，但并没有对每个实验项目在探究的要素方面提出要求；提出为了让学生经历和科学家的科学探究相似的探究过程，教材中应该安排没有确定答案的开放式探究项目，但没有对开放式探究提出任何的建议和要求。

再比如，《义务教育物理课程标准（2011 年版）》课程目标规定了科学探究的要素包括知识和技能、过程和方法以及情感、态度和价值观三部分。

在知识和技能部分规定学生"有初步的实验操作技能，会使用简单的实验仪器，能测量一些基本的物理量，具有安全意识，掌握简单的数据记录和处理方法，会使用简单图表等描述实验的结果，会写简单的实验报告"。

在过程和方法部分规定学生"经历观察物理现象的过程，能简单描述所观察到的物理现象的主要特征，能通过观察和学习发现问题，具有初步的观察能力以及提出问题的能力；通过进行科学探究活动，学习设计简单的科学探究计划和实验方案，形成控制实验条件的意识，能通过实验来收集数据，会利用多种渠道获取信息，有初步的信息收集能力；亲历信息处理过程，有对信息的有效性和客观性做出判断的意识，经历从信息中分析和归纳规律的过程，尝试解释基于调查或实验数据得出的结论，具有初步的分析概括能力；能口头或书面表达自己的观点，能和他人交流，有自我反思和听取他人意见的意识，具有初步的信息交流能力。"

但这些规定太笼统，都没有分阶段的具体要求，而且也没有关于科学本质的具体说明，虽然在情感、态度和价值观部分涉及了一些，但内涵并不明确，更没有详细的分阶段指标。

因此，为了教材的编写和审定有据可依，建议课程标准的制定更加详细、具有可操作性。我们看看台湾的经验，台湾在 2008 年公布微调后的《中小学九年一贯课程纲要》中，明确提出分阶段的能力指标，作为选编教材、实施教学与学习评鉴之依据。我们分别来看看过程性技能和科学与技术本质的第四阶段（初中一至三年级）的分阶段能力指标（见附录 8）。

从附录 8 台湾地区 2008 年《中小学九年一贯课程纲要》中对科学探究的分阶段能力指标的划分，我们可以看出只有详细的、可操作性的课程标准才有助于教材开发、编写及其审定。但需要强调的是，如果课程标准中有了详细的规定，教材审定就应该严格按照规定进行。例如，《义务教育物理课程标准（2011年版）》中规定"让学生在理解实验设计的前提下，自己选择实验装置，组合实验器材，自主进行实验。发给学生的文字材料应有利于学生积极思考，避免把实验步骤逐条地罗列给学生，以及代替学生绘制各种表格，让学生'按方抓药'或不求甚解地在表格中填充数据，这种菜单式的科学探究虽然容易得出预期的实验结果，但不利于学生科学探究能力的培养。"但从研究的结果来看，5个版本的八年级上册物理教材并没有做到这一点。因此，我们一方面建议要在新课标中对科学探究过程性要素和科学本质列出详细的和分阶段的具体要求，另一方面也建议教材审定者要按照新课程标准在科学探究上的要求对教材进行严格的审定。

另外，由于教材在一定程度上决定着学生对科学的看法（Valverde et al.，2002），教材是课程目标的具体体现，是教师优先选择的课堂资源。但是研究发现教材中纳入的科学本质往往是编者对科学本质的朴素认识，和学者对科学本质的见解不一致，并且过去40年来，教材纳入的科学本质观并没有改变甚至变得更差。而其他学科的教材（生物、物理等）也一样。因此，若要采取措施来扭转这种模式，首先应认识到这一现实，即需要教材中融入外显的、一致的科学本质观。Abd-EI-Khalick等（2008）的研究还发现，对科学本质的表征存在"作者效应"而不是"出版者效应"，即教材的作者比出版者更关心教材的内容是否纳入了科学本质，这一方面也存在让人担忧的现象：教材的作者往往只注重科学本质的某一方面并一直忠爱它。并且教材作者并没有把国家和国际科学教育改革的要求，以及哲学、历史学和社会学领域的学者对科学本质的最新研究成果融入教材中。例如，从20世纪60年代起，随着不同学科领域对科学本质研究的关注，之后的10年，学术界发起了多项关于科学本质的研究项目，因此对科学本质的看法发生了较大的变化（Abd-EI-Khalick, et al., 2000），但是从对过去40年出版的教材的分析结果来看，教材对科学本质的融入并没有多少变化。例如，关于科学方法的神秘性（myth of scientific method），学术界已经否认了以前的看法，但所分析的教材中除了一本之外仍然明确地表达这种朴素的看法；关于科学的理论驱动性、科学事业的社会性和科学的社会和文化嵌入性过去40年来都发生了较大的变化，但是所分析的教材中仍然错误地表征或忽视这些变化（Abd-EI-Khalick, et al., 2008）。因此，建议科学教材作者要关注学术界对科学本质的最新见解，并及时更新教材对科学本质的认识，并采用适当的方式把科学本质的特征融入科学教材中去。

另外对于科学教材编写者而言，如何将科学本质的特征融入教材中，已有的研究也提供了一些启示。例如，可以在适当的时候，介绍科学家的研究事迹；可以在适当的时候，介绍科学研究的过程以了解科学中实验与理论间的关系；

可以在适当的时候，介绍人类利用科学改善生活的有关史事；可以在适当的科学活动中，描述科学发现过程中科学家所拥有的批判思考、探究思考及创造性思考的特质。

（二）对教师教育的建议

要想发展学生的科学探究能力，提高学生对科学本质的认识，一方面，课程材料，例如，教材的编写至关重要，另一方面，教材仅仅是潜在的课程，如何把这种潜在的课程变成实际的课程，教师的教材加工能力至关重要（张莉，2012），即科学教师如何把科学教材中的科学探究过程和科学本质有效地传递给学生。科学教师简单地学习或记忆"科学探究的步骤"或某一"科学本质"的内涵等这些事实性的知识是不够的，首先科学教师应该具备一定的科学探究能力，通过直接经历探究和实践，并对探究的体验和科学本质的体验进行不断反思，从而形成实施探究式科学教学的能力。但最根本的前提是科学教师要具备与科学探究相关的知识，例如，关于科学探究过程的知识和关于科学本质的知识。王晶莹（2011）的研究发现如果教师不具备科学探究的公共知识，很难形成相应的个人知识，就不会进行科学探究的教学实践。如果教师由于外界的压力而进行探究式教学，但本身并没科学探究的实践性知识，对科学探究教学没有深刻的认识，就不能促进学生进行探究式科学学习。

目前，科学教师有关科学探究的知识现状如何呢？王晶莹（2011）的研究发现，中国理科教师对科学探究的认识和科学本质的理解处于传统阶段，而美国教师对科学本质的认识处于传统到深刻的过渡阶段，中国教师在所有方面的得分都低于美国教师，具体表现在问题与探究过程、数据与证据、探究和实验、结论与数据收集以及解释等方面。美国对大学前科学教育教师对科学本质的认识的调查结果令人担忧。Behnke（1961）的调查表明，50%的教师不赞同科学知识的暂时性，这种权威主义的观念不利于教师进行科学教学。Miller（1963）和Schmidt（1967）的研究发现许多教师不足以胜任科学教学，甚至教师对科学本质的认识还不如自己的学生，而且还发现教师对科学本质的认识和他们的学术背景、教学经验无关，只有教师在接受了针对性的课程培训后，才能提高对科学本质的认识（Carey, et al., 1968; 1970; Billeh, et al., 1975）。Blakely 于 1987

年以中学教师进行了调查发现，与非科学教师相比，科学教师对科学本质的认识要好些，但很多科学教师对科学本质的认识仍然不足。Lederman（1992）回顾了有关科学本质 20 多年的研究结果，发现无论研究者如何界定科学本质以及采用何种测量工具，也不管测量工具的信度和效度如何，所有研究得到的结论都是相同的，即教师和学生对科学本质的理解普遍不足。

我国的情况如何呢？已有研究发现，从整体上看，我国基础教育阶段的教师无论是对科学知识的掌握和科学方法的应用，还是对科学本质的认识都不理想（张红霞，2003；梁永平，2005；郭元婕，2005）。梁永平（2006）发现我国中小学教师普遍把科学认识过程看作是真实复制的过程，是对自然现象的真实反映，即教师关注的只是"知识是什么以及知识有什么用"。造成这一结果的原因很多，例如，受实证主义哲学思潮的影响等，但一个重要的原因在于这些教师自身学习科学的经历以及教师教育存在的问题。一直以来我国的教育都是过分强调知识的客观真理性，过分注重传授科学知识，使科学教育变成了强调基础知识和基本技能的"双基"教学。而教师教育和培训又没有专门关于科学探究过程、科学本质以及如何向学生教授科学探究及其科学本质的相关内容，因此，我国的科学教师把自己在学生期间获得的这些观念直接用于课堂教学。目前，需要有专题性的科学教师教育项目来打破这种恶性循环。

正是由于大量研究发现教师对科学探究过程和科学本质的认识不足，一些学者开始研究如何提高科学教师对科学探究过程及对科学本质的认识。总的来说，主要有两种思路。第一种思路是内隐法，这种思路把科学探究过程和科学本质当做一种技能，通过"做中学"的方式来促进教师对科学探究和科学本质的理解。另一种思路是通过外显或者反思性的活动提升教师对科学探究过程和科学本质的认识。具体来说就是采用外显的方式把科学探究过程和科学本质的内涵直接教授给教师，然后让教师进行具体的科学探究活动或者在学习后给教师提供反思的机会，从而帮助教师提升对科学探究过程和科学本质的理解（梁永平，2006）。

相关的研究结果发现，第一，有关科学方法的课程能提升准教师对科学探究过程和科学本质的认识（Palmquist, et al., 1997; Carey, et al., 1968; 1997）；第二，科学哲学的课程有助于提高教师对科学探究过程和科学本质的理解（King, 1991; Kimball, 1968）；第三，教师的探究经验影响教师对科学本质和科学探究过程的认识，但必须持续加强才能保持效果（Visavateeranon, 1992）。但总的说来，近20年来研究发现这些方法对于提升教师对科学探究过程和科学本质的认识的效果并不好。

Lederman（1992）认为效果不好的主要原因在于这些研究过于关注课程而忽视了教师所面临的困难。教师所面临的困难主要有：第一，教师自身对科学探究过程和科学本质的认识不足，但教师对科学探究过程和科学本质的认识不仅依赖于教师个人的探究体验，还和教师的科技哲学、科学史和社会学的知识背景有关，这对教师的要求过高；第二，课程资源严重不足。大部分配套教材关注的是传统的科学知识而不是科学探究过程和科学本质，因此对科学探究过程和科学本质的表征不完整，甚至根本没有表征（McComas et al., 1998）；第三，教师需要在实践层面的指导，因为教师并不知道如何使用课程从而达到教学目标。

也有一些研究发现可以让科学教师利用科学史来进行科学本质的教学。例如，Solomon 等（1992）的研究发现将科学史融入科学教学有助于增进学生对科学本质的理解，并可以产生持久的学习效果。Dawkins 和 Vitale（1999）的研究发现利用历史个案融入科学教学的模式能较好地引导学生对科学本质的认识，并且发现历史个案融入科学教学的模式也有助于教师对科学本质的认识。林兆圣（2003）在研究中开发了《原子发现的科学史》教材，研究结果发现该科学教材有助于学生理解科学本质。黄惠娥（2004）的研究发现利用科学史教学能提升五年级学生对科学本质的认识。Abd-EI-Khalick 和 Lederman（2000）的研究也发现科学史课程能有效地提升学生、准教师和教师对科学本质的认识。但是 Abd-El-Khalick 等（2008）认为一方面大部分科学教师并不真正理解科学本质，另一方面即使教师理解了科学本质并不一定能在教学上向学生传授正确的科学本质。这是因为有许多因素影响教师如何把科学本质的正确理解转化为教学实践。例如，教师的探究式科学教学自我效能感、教师对科学本质理解的自信、教师对学生科学探究兴趣的感知、教师对学生理解科学本质能力的感知。但有研究证据表明教师在课堂上外显地表达科学本质有助于学生获得科学本质观（Khishfe, et al., 2002）。

二、有待进一步研究的问题

研究将量化研究方法和质性研究方法相结合，通过文献分析和理论思考建构了中学科学教材中科学探究的评价指标体系，并根据专家的建议完善了评价指标体系。中学科学教材中科学探究的比较研究根据评价指标体系采用内容分析法分析和比较了 5 个版本的八年级上册物理教材在科学探究上的特点和差异。科学教材对学生的影响研究采用问卷调查法调查了使用不同版本教材的学生在科学探究上的表现，不仅对我国初中生的科学探究现状进行了调查，还分析了影响学生科学探究的因素以及科学探究和创造性之间的关系，而且还为研究建构的中学科学教材中科学探究的评价指标体系提供了辨别效度证据，因此，研究对科学课程设计和开发、教材编写以及教材审定，甚至科学教师的教育和培训具有一定的指导意义。然而，由于研究时间和研究内容的限制，研究者认为还有如下问题值得进一步深入思考和探讨。

（一）建构的评价指标体系仍需进一步细化，加强可操作性

研究建构的中学科学教材中科学探究的评价指标体系虽然经过对 21 名专家，其中包括 10 名一线科学教师的深入访谈，并根据专家的建议进行了修改和完善，各个指标的含义较为明确，应该具有较高的可操作性，但是通过 6 个编码员对 5 个版本教材的分析发现，由于存在经验和理解的多样性，不同编码员对同一内容的理解并不完全相同，因此，不同编码者在根据评价指标编码教材内容时就会出现不一致。未来的研究需要对评价指标体系进一步细化，加强可操作性，具体来说，可以在研究的基础上，对每个评价指标提供多种正例和反例，以便编码者在编码时参考，提高编码的一致性。

（二）分析国外优秀科学教材借鉴其编写经验

研究在实施之前，考虑到我国新课改已经实施了十多年的时间了，因此设想不同版本的中学科学教材在科学探究上的表现会存在较大差异，应该会有一些版本教材中的科学探究活动的设置会比较符合真科学探究在开放度和认知操作度上的要求；会有某些版本教材对科学本质的特征表征较为充分。因此，可

以通过分析这些在科学探究上表现较好的科学教材对科学探究活动的设置方式和对科学本质的融入方式为教材的编写提供建议，但研究的结果表明研究所分析的 5 个版本八年级上册物理教材在科学探究上的表现均较差，因此，不能为提升和改善科学教材的编写提供建议，未来的研究可以通过分析国外优秀的科学教材中科学探究活动和科学本质的特点，找出我国科学教材中科学探究存在的不足及其完善方案，为科学教材的编写和审定提供参考，为改善我国科学教材提供有针对性的建议。

（三）中学科学教材中科学探究的适切性研究

王晓丽（2013）认为教材适切性是指教材的内容选择、内容组织表达及作业系统与学生的学习准备之间的适合性质及程度，并将教材适切性评价分为四个方面：①教材与学生一般认知能力的适切性；②教材与学生一般生活经验的适切性；③教材与学生具体学科先备知识技能的适切性；④教材与学生具体学科思维特点的适切性。研究是基于理想或理论要求提出的中学科学教材中科学探究的评价指标体系，虽然在科学本质评价指标方面涉及了学生的年龄特征，但并没有考虑到学生的学习准备，也没有考虑教师的教学准备，甚至没有考虑学校所能提供的与探究式教学和学习相配套的教学环境和资源上的准备，因此，未来的研究应该关注中学科学教材中科学探究的适切性研究，才能把课堂中的科学探究落到实处。

参 考 文 献

白佩宜, 许瑛玿. 2011. 探讨不同探究式教学法对高一生科学探究能力与学习环境观感之影响. 课程与教学季刊, 14 (3): 123-156.

陈刚, 石晋阳, 冯锐. 2010. 科学发现学习的认知机制研究. 远程教育杂志, 28 (006): 12-16.

邓可, 刘恩山. 2005. 美国对科学教材中科学素养的评价及其启示. 生物学通报, 40 (6): 54-56.

邓可, 刘恩山. 2005. 中学生物学教材中科学素养静态评估模型的初步研究. 教育科学研究, 7: 24-27.

邓可, 刘恩山. 2009. 美国 "2061 计划" 高中生物学教材评价的方法与特点. 课程·教材·教法, 3: 86-90.

丁朝蓬. 1998. 教材评价指标体系的建立, 课程·教材·教法, 7: 43-46.

丁朝蓬. 2000. 教材评价的本质、标准及过程. 课程·教材·教法, 9: 36-38.

杜秀芳. 2009a. 国外评价学生科学探究能力的两种不同视角. 教育科学研究, 4: 73-75.

杜秀芳. 2009b. 中小学生的科学探究及影响因素. 济南: 山东师范大学博士学位论文.

杜秀芳, 张承芬. 2007. 科学探究的认知机制研究述评. 心理科学, 30 (2): 391-393.

高登营. 2010. 影响探究能力的内部因素及其验证. 济南: 山东师范大学硕士学位论文.

高凌飚. 2000. 义务教育教材分析评估方案. 教育科学研究, (5), 25-33.

高凌飚. 2007. 教材评价维度与标准. 教育发展研究, 29 (12): 8-12.

顾明远. 2001. 课程改革的世纪回顾与展望. 教育研究, 7: 15-19.

黄惠娥. 2004. 科学史教学对 "国小" 五年级学生之科学本质, 科学态度及科学兴趣之影响. ntcuir.ntcu.edu.tw.2016-05-23

郭元婕. 2005. 中小学科学教师科学探究观研究. 北京: 北京师范大学硕士学位论文.

何薇. 2004. 中国公众科学素养调查结果回顾. 民主与科学, 5: 10-13.

洪振方. 2003. 探究式教学的历史回顾与创造性探究模式之初探. 高雄师大学报, 15: 641-662.

邝丽湛. 2002. 教材评价的本质及其价值分析. 教育研究, 7 (23): 33-36.

李富洪，曹云飞，曹碧华，等．2012. 假设形成与检验的神经机制．心理科学进展，20（2）：191-196.

李高峰，刘恩山．2009. 美国《国家科学教育标准》倡导的科学探究．教育科学，25（5）：87-91.

李晔，刘华山．2000. 教师效能感及其对教学行为的影响．教育研究与实验，1：50-55.

梁永平．2005. 理科教师科学本质观调查研究．科学教育，（6）：59-61.

梁永平．2006. 理科教师科学本质观及其教学行为发展研究．兰州：西北师范大学硕士学位论文．

林兆圣．2003. 以原子发现科学史融入教学对学生科学本质观影响之研究．ir.lib.nknu.edu.tw.2016-05-21.

卢美贵，黄月美．2012. 以民间童年意象为架构之幼儿核心素养研究．幼儿教保研究，（8）：2-22.

罗国忠．2007. 基于纸笔测验的科学探究能力评价的有效性研究．上海教育科研，10: 51-54.

罗国忠．2009. 美国俄勒冈州的科学探究能力评价．上海教育科研，7: 59-60.

罗国忠．2009. 美国密苏里州的科学探究能力另类评价及其启示．外国中小学教育，4: 33-36.

罗国忠．2011. 科学探究能力评价的适切性研究．全球教育展望，40（3）：88-91.

罗国忠．2011. 美国基于引导的实验探究能力评价例析．外国中小学教育，9: 49-51.

罗国忠，张正严．2009. 基于公平视角的科学探究能力评价研究．课程．教材．教法，8: 59-63.

马宏佳．2005. 以科学探究为核心的科学教育教学策略研究．南京：南京师范大学博士学位论文．

彭前程．2009. 新课改后各版本物理教材特点比较研究的报告．未发表的研究报告．

邱胡富，万慧莲．2006. 科学史融入教学对小学生科学本质观影响之探究．科学教育学刊，14（2）：163-187.

申继亮，王鑫，师保国．2005 青少年创造性倾向的结构与发展特征研究．心理发展与教育，4: 28-33.

史晖．2010. 课程实施的落差表现：成因与消解．中国教育学刊，4: 43-46.

王静如．2001. 小学教师科学本质概念及教学之研究．科学教育月刊，9（2）：197-217.

王晶莹．2011. 科学探究论．上海：华东师范大学出版社：43-46.

王守江．2002. 建构中学物理教材评价体系．曲阜：曲阜师范大学硕士学位论文．

王晓丽．2013. 教材适切性的评价指标体系研究．北京：北京师范大学博士学位论文．

王岳．2000. 国际教材出版现状概观：课程教材改革之路．北京：人民教育出版社．

魏运华，李俏．2007. 我国中小学教材研究述评．课程．教材．教法，（8）：8-13.

温盛伟，邱宝兰．2007. 科学探究过程评价的实施策略．中国成人教育，11: 39-40.

翁秀玉，段晓林．1997. 科学本质在科学教育上的启示与作法．科学教育月刊，201, 2 -15.

肖显静．2002. 目前我国中学科学教育中存在的问题及对策．科学教育，5（8）：1-2.

辛涛，申继亮，林崇德．1994. 教师自我效能感与学校因素关系的研究．教育研究，10: 16-20.

辛涛，王烨晖，李凌燕．2010. 新课程背景下的课程测量：框架与途径．北京师范大学学报（社会科学版），218（2）：5-10.

熊召弟，王美芬．1995. "国民"小学自然科教材教法．台北：心理．

严文法，胡卫平．2009. 国外青少年科学推理能力研究综述．外国中小学教育，5: 23-28.

俞国良，辛涛，申继亮．1995. 教师教学效能感结构与影响因素的研究．心理学报，2（27）：159-166.

曾平飞 a. 2011. 初中生科学素养测量研究．北京：北京师范大学博士论文．

曾平飞 b. 2011. 探究题的本质．基础教育课程，2011, 03：66-69

曾天山．1998. 国外关于教学书功能论争的述评．西南大学学报（哲学社会科学版），2: 52-57.

查赞琼．2011. 高中物理课程与教学中渗透科学本质观教育的研究．芜湖：安徽师范大学硕士学位论文．

张建伟，陈琦．2001. 科学发现学习的新近研究．心理学动态，9（4）：289-294.

张红霞．2003. 科学究竟是什么．北京：教育科学出版社：67-68.

张红霞，郁波．2004. 小学科学教师科学素养调查研究．教育研究，（11）：68-73.

张莉．2012. 中小学教师教材加工能力评价指标体系研究．北京：北京师范大学博士学位论文．

张莉，芦咏莉．2012. 论教师的教材加工能力．北京师范大学学报（社会科学版），1: 58-64.

张颖．2009. 美国"2061 计划"教材评价工具简介．课程·教材·教法，（003）：82-85.

张增一．2005. 我国公民科学素质标准定位的思考与建议．新华文摘，2005,1.

中国科学院．2001. 2001 发展报告．北京：科学出版社：3.

中华人民共和国教育部．2001a. 全日制义务教育物理课程标准（实验稿）．北京：北京师范大学出版社：21-22.

中华人民共和国教育部．2001b. 全日制义务教育科学（7—9 年级）课程标准（实验稿）．北京：北京师范大学出版社：13-15.

中华人民共和国教育部．2011. 义务教育物理课程标准（2011 版）．北京：北京师范大学出版社：40-42.

钟媚．2010. 英国 APU 科学探究能力测评及其启示．外国中小学教育，11: 38-42.

钟启泉．1992. 现代教学论发展．北京：教育科学出版社：76-77.

Abd-EI-Khalick F. 2001. Embedding Nature of Science Instruction in Preservice Elementary Science Courses: Abandoning Scientism, But. Journal of Science Teacher Education, 12（3）：215-233.

Abd-EI-Khalick F. 2005. Developing deeper understandings of nature of science: The impact of a philosophy of science course on preservice science teachers' views and instructional planning. International Journal of Science Education, 27（1）：15-42.

Abd-EI-Khalick F, Bell R L, Lederman N G. 1998. The nature of science and instructional practice: Making the unnatural natural. Science Education, 82（4）：417-436.

Abd-EI-Khalick F, Lederman N G. 2000. Improving science teachers' conceptions of nature of science: a critical review of the literature. International Journal of Science Education, 22（7）：665-701.

Abd-EI-Khalick F, BouJaoude S, Duschl R, et al. 2004a. Inquiry in science education: International perspectives. Science Education, 88（3）：397-419.

Abd-EI-Khalick F, Akerson V L. 2004b. Learning as conceptual change: Factors mediating the development of preservice elementary teachers' views of nature of science. Science Education, 88(5): 785-810.

Abd-EI-Khalick F, Waters M, Le A P. 2008. Representations of nature of science in high school chemistry textbooks over the past four decades. Journal of Research in Science Teaching, 45(7): 835-855.

Abd-EI-Khalick F, Akerson V. 2009. The influence of metacognitive training on preservice elementary teachers' conceptions of nature of science. International Journal of Science Education, 31(16): 2161-2184.

Akerson V L, Abd-EI-Khalick et al. 2000. Influence of a reflective explicit activity-based approach on elementary teachers' conceptions of nature of science. Journal of Research in Science Teaching, 37（4）: 295-317.

Akerson V L, Abd-EI-Khalick F. 2003. Teaching elements of nature of science: A yearlong case study of a fourth-grade teacher. Journal of Research in Science Teaching, 40（10）: 1025 -1049.

American Association for the Advancement of Science（AAAS）.1989. Project 2601.Science for all Americans. Washington, DC: Author.

American Association for the Advancement of Science（AAAS）.1990. Science for all Americans. New York:Oxford University Press.

American Association for the Advancement of Science（AAAS）. 1993. Benchmarks for science literacy: A Project 2061 report. New York: Oxford University Press.

Aycan Ş, Arı E, Türkoğuz S, et al.2002. Fen ve fizik öğretiminde bilgisayar destekli simülasyon tekniğinin öğrenci başarısına etkisi: yeryüzünde hareket örneği.

Babbie E. 1998. The Practice of Social Research（8th ed）. Wadsworth Publishing Company.

Barab S A, Hay K. 2001. Doing science at the elbows of scientists: Issues related to the scientist apprentice camp. Journal of Research in Science Teaching, 38（1）: 70-102.

Behnke F L. 1961. Reactions of scientists and science teachers to statements bearing on certain aspects of science and science teaching. School Science and Mathematics, 61: 193-207.

Bell R, Abd-EI-Khalick F, et al. 2001. The nature of science and science education: A bibliography. Science Education, 10（1）: 187-204.

Bianchini J A, Colburn A. 2000. Teaching the nature of science through inquiry to prospective elementary teachers: A tale of two researchers. Journal of Research in Science Teaching, 37（2）: 177-209.

Billeh V, Hasan O. 1975. Factors affecting teachers' gain in understanding the nature of science. Journal of Research in Science Teaching, 12（3）: 209-219.

Blakely R E. 1987. A comparative study of Georgia middle school teachers' understanding of the nature of science .Doctoral dissertation, Georgia State University.

Blosser P. 1983. The role of the laboratory in science teaching. School Science and Mathematics, 83: 165-169.

Bora N D, Cakiroglu J. 2006. Investigating science teachers and high school students' views on the nature of science in Turkey. Paper presented at the annual meeting of the National Association for Research in Science Teaching, San Francisco, CA.

Brophy J E. 1982. How teachers influence what is taught and learned in classrooms. The Elementary School Journal, 83（1）: 1-13.

Burbuler N C, Linn M C. 1991. Science education and philosophy of science Congruence or contradiction? International Journal of Science Education, 13: 227-241.

Bybee R W. 2000. Teaching science as inquiry. In. Minstrell J, Zee E H（Eds.）, Inquiring into inquiry learning and teaching in science（pp. 20-46）.Washington, DC: American Association for the Advancement of Science.

Carey R L, Stauss N G. 1968. An analysis of the understanding of the nature of science by prospective secondary science teachers. Science Education, 58（4）: 358-363.

Carey R L, Stauss N G. 1970. An analysis of the relationship between prospective science teachers' understanding of the nature of science and certain academic variables. Georgia Academy of Science, 70: 148-158.

Carey S, Evans R, Honda M, et al. 1989. An experiment is when you try it and see if it works: A study of Junior High School students' Understanding of the construction of scientific knowledge. International Journal of Science Education, 11（5）: 514-529.

Chambliss, M. & Calfee, R. 1998. Textbooks for learning: Nurturing children's minds. Blackwell Publishing.

Chiappetta E L, Collette A T. 1989. Science instruction in the middle and secondary schools（2nd ed.）. Columbus, OH: Merrill.

Chiappetta E L, Fillman D A, Sethna G H. 1991. A method to quantify major themes of scientific literacy in science textbooks. Journal of Research in Science Teaching, 28: 713-725.

Chiappetta E L, Sethna G H, Fillman D A. 1991. A quantitative analysis of high school chemistry textbooks for scientific literacy themes and expository learning aids. Journal of Research in Science Teaching, 30: 787-797.

Chiappetta E L, Fillman D A. 2007. Analysis of five high school biology textbooks used in the United States for inclusion of the nature of science. International Journal of Science Education, 29（15）: 1847-1868.

Chinn C A, Malhotra B A. 2002. Epistemologically authentic inquiry in schools: A theoretical framework for evaluating inquiry tasks. Science Education, 86（2）: 175-218.

Collette A T, Chiappetta E C. 1994. Science instruction in the middle and science school. Columbas USA: : Merrill : 47.

Costa A L. 1985. Teacher behaviors that enable student thinking. Developing minds: : A resource book for teaching thinking : 125–137.

David L, Elliot, Arthur W. 1990. Textbooks and Schooling in the United States. Unversity of Chicago Press, Chicago, Illinos.

Dawkins K R, Vitale M R.1999.Using historical cases to change teachers' understandings and practices related to the nature of science. Paper presented to NARST Conference: Boston.

Dewey J. 1933. How We Think. Buffalo, New York : Prometheus Books.

Domin D S. 1999. A Review of laboratory instruction styles. Journal of Chemical Education,76（4）: 543-547.

Driver R, Leach J, Millar R. 1996. Young peoples' images of science. Buckingham: Open University Press.

Dunbar K. 1995. How scientists really reason: Scientific reasoning in real-world laboratories. In R. J. Sternberg J. E. Davidson（Eds.）, The nature of insight（pp. 365-395）. Cambridge, MA:MIT Press.

Duschl R A. 1990. Restructuring science education: The importance of theories and their development. New York: Teacher College Press.

Edelson D C, Gordin D N, Pea R D. 1999. Addressing the challenges of inquiry-based learning technology and curriculum design. The Journal of the Learning Science, 8（3）: 391-450.

Edwards C. 1997. Promoting student inquiry. The Science Teacher, 67（5）: 28-31.

Elgar A G. 2004. Science textbooks for lower secondary schools in Brunei: Issues of gender equity. International Journal of Science Education, 26（7）: 875-894.

English F. 1967. The textbook-procrustean bed of learning. The Phi Delta Kappan, 48（8）: 393-395.

Fan L, Zhu Y. 2007. Representation of problem-solving procedures: a comparative look at China, Singapore, and US mathematics textbooks. Education Study in Mathematics, 66（1）: 61-75.

Fraenkel J R, Wallen N E. 2003. How to design and evaluate research in education（5th ed.）. Boston: McGraw-Hill.

Galison P. 1997. Image and logic: A material culture of microphysics. Chicago: University of Chicago Press.

Garcia T D. 1985. An analysis of earth science textbooks for presentation of aspects of scientific literacy. Unpublished dissertation, University of Houston.

Garofalo J, Lindgr R, Neill T. 1992. Knowledge developed by a high school teacher participating in a physics research experience. Science Education, 76（1）: 43-50.

Germann P J, Haskins S, et al. 1996. Analysis of nine high school biology laboratory manuals: Promoting scientific inquiry. Journal of Research in Science Teaching, 33（5）: 475-499.

Giere R N. 1988. Explaining science: A cognitive approach. Chicago: University of Chicago Press.

Gönen S, Kocakaya S.2006. Fizik Öğretmenlerinin Hizmet İçi Eğitimler Üzerine Görüşlerinin. Pamukkale Üniversitesi Eğitim Fakültesi Dergisi, 19(19), 37-44.

Gönen S, Kocakaya S. 2006. Fizik Ö [gbreve]retmenlerinin o [gbreve]retim etkinliklerine ve fizik ders kitaplarının içeri gb[eivre] ne yönelik dü [clesd]iünceleri [Physics teachers' opinions towards ysics instruction activities and content of physics textbooks]. Journal of Turkish Science Education, 3（1）, 40-42.

Good R. 1996. Trying to reach consensus on the nature of science: Words get in the way. Paper presented at National Association for Research in Science Teaching. St.Lous, MO.

Goodlad J. 1979. Curriculum inquiry: the study of curriculum practice. New York: McGraw-Hill.

Goodrum D, Hackling M, Rennie L. 2000. The status and quality of teaching and learning of science in Australian schools: A research report. Canberra: Department of Education, Training and Youth Affairs.

Grouws D A, Smith M S, Sztajn P. 2004. The preparation and teaching practice of U.S. Mathematics teachers: Grades 4 and 8. *In* Kloosterman P, Lester F（Eds.）. The 1990 through 2000 mathematics assessments of the National Assessment of Educational Progress: Results and interpretations （pp.221-269）. Reston, VA: NCTM.

Groves F H. 1995. Science vocabulary load of selected secondary science textbooks. School Science and Mathematics, 95（5）: 231-235.

Guba E G, Lincoln Y S. 1989. Fourth generation evaluation. Newbury Park, CA: Sage.

Hafner R, Stewart J. 1995. Revising explanatory models to accommodate anomalous genetic phenomena: Problem solving in the context of discovery. Science Education, 79: 111-146.

Hartley J. 1994. Designing instructional texts. London: Kogan Page Ltd.

Hegarty-Hazel E. 1986. Lab work. SET: Research information for teachers, number one. Canberra, Australia: Australian Council for Education Research.

Herron M. 1971. The nature of scientific enquiry. School Review, 79: 171-212.

Hmelo-Silver C E, Nagarajan A, Day R S. 2002. It's harder than we thought it would be: A comparative case study of expert-novice experimentation strategies. Science Education, 86（2）: 219-243.

Hofstein A, Lunetta V N. 1982. The role of the laboratory in science teaching: Neglected aspects of research. Review of Educational Research, 52: 201-217.

Hubisz J. 2003. Middle-school texts don't make the grade. Physics Today, 56（5）: 50-54.

IEA. 2005. TIMSS 2003 International Mathematics Report. Boston College: IEA.

Irez S. 2009. Nature of science as depicted in Turkish biology textbooks. Science Education, 93（3）: 422-447.

Joolingen W R V, Jong T D.（1977）. An extended dual search space model of scientific discovery learning. Instructional Science, 25: 307-346.

Kahveci A. 2010. Quantitative analysis of science and chemistry textbooks for indicators of reform: A complementary perspective. International Journal of Science Education, 32（11）: 1495-1519.

Khishfe R, Abd-EI-Khalick F. 2002. The influence of explicit reflective versus implicit inquiry-oriented instruction on sixth graders' views of nature of science. Journal of Research in Science Teaching, 39（7）: 551-578.

Kimball M E. 1968. Understanding the nature of science: A comparison of scientists and science teachers. Journal of Research in Science Teaching, 2（1）: 3-6.

King B B. 1991. Beginning teachers' knowledge of and attitudes toward history and philosophy of science. Science Education, 75（1）: 135-141.

Kind P M, Kind V 2007. Creativity in science education: Perspectives and challenges for developing school science.

Kirk M, Matthews C E, Kurtts S. 2001. The trouble with textbooks. The Science Teacher, 12: 42-45.

Klahr D. 2000. Exploring science: The cognition and development of discovery processes. Cambridge: MA: MIT Press.

Klahr D, Dunbar K. 1988. Dual space search during scientific reasoning. Cognitive Science, 12: 1-48.

Klopfer L, Cooley W. 1963. The history of science cases for high schools in the development of student understanding of science and scientists. Journal of Research in Science Teaching, 1（1）: 33-47.

Ko E K. 2008. The relationship between fifth grade students' Understandings about Evidence-Based Explanations and their Abilities to Develop Evidence-Based Explanations. Unpublished doctoral dissertation. Illinois Institute of Technology, Chicago.

Krippendorff K. 1980. Content Analysis: An Introduction to Its Methodology. Sage Publications, Beverly Hills, CA.

Krippendorff K. 2004. Reliability in Content Analysis. Human Communication Research, 30: 411-433.

Kuhn D. 2001. How do people know? Psychological Science, 12（1）: 1-8.

Kuhn D, Amsel E, O' Loughlin M. 1988. The development of scientific thinking skills. Orlando, FL: Academic Press.

Kuhn D, Garcia-Mila M, Zohar A, et al. 1995. Strategies of knowledge acquisition. Monographs of the Society for Research in Child Development, 60（4）, Serial No. 245.

Kuhn D, Black J, Keselman A, et al. 2000. The development of cognitive skills to support inquiry learning. Cognition and Instruction, 18: 495-523.

Kuhn D, Pearsall S. 2000. Developmental origins of scientific thinking. Journal of cognition and Development, 1（1）: 113-129.

Kuhn D, Dean D Jr. 2005. Is developing scientific thinking all about learning to control variables? Psychological Science, 16（11）: 866-870.

Kuhn D, Iordanou K, et al. 2008. Beyond control of variables: What needs to develop to achieve skilled scientific thinking? Cognitive Development, 23（4）: 435-451.

Lazarowiz R, Tamir P. 1994. Research on using laboratory instruction in science. *In*: Gabel D.（Ed.）. Handbook of research on science teaching and learning. NY. Macmillan, 94-128.

Lederman N G. 1992. Students' and teachers' conceptions of the nature of science: A review of the research. Journal of Research in Science Teaching, 26（9）, 771-783.

Lederman N G. 1998. The State of Science Education: Subject Matter Without Context. Electronic Journal of Science Education,（3）2: 1-12.

Lederman N G. 1999. Teachers' understanding of the nature of science and classroom practice: Factors that facilitate or impede the relationship. Journal of Research in Science Teaching, 36（8）: 916-929.

Lederman N G. 2000. Problem solving and solving problems: inquiry about inquiry. School Science Mathematics, 100（3）: 113-116.

Lederman N G, Zeidler, D. L. 1987. Science teachers' conceptions of the nature of science: Do they really influence teaching behavior? Science Edcation, 71: 721-734.

Lederman N G, Schwartz R S, et al. 2001. Preservice teachers' understanding and teaching of nature of science: An intervention study. Canadian Journal of Math, Science Technology Education, 1（2）: 135-160.

Lederman N G, Abd-EI-Khalick F, et al. 2002. Views of nature of science questionnaire: Toward valid and meaningful assessment of learners' conceptions of nature of science. Journal of Research in Science Teaching, 39（6）: 497-521.

Linn M. 1992. Science education reform: Building on the research base. Journal of Research in Science Teaching, 29: 821-840.

Lloyd G M. 2008. Curriculum use while learning to teach: One student teacher's appropriation of mathematics curriculum materials. Journal of Research in Mathematics Education, 39（1）63-94.

Lucas A M. 1971. Creativity, discovery and inquiry in science education. The Australian Journal of Education, 15: 185-196.

Lumpe A T, Beck A J. 1996. A profile of high school Biology textbooks using scientific literacy recommendations.The American Biology Teacher, 58（3）: 147-153.

Lunetta V N. 1998. The school science laboratory: Historical perspectives and centers for contemporary teaching. *In* B. J. Fraser K. G. Tobin（Eds.）, International handbook of science education. Dordrecht: Kluwer.

Martin-Hansen L. 2002. Defining inquiry: Exploring the many types of inquiry in the science classroom. The Science Teacher, 69（2）: 34-37.

McComas W F. 1998. The principal elements of the nature of science: dispelling the myths. In W. f. McComas（Ed.）,The Nature of Science in Science Education（pp53-70）. Dordrecht, The

Netherlands: Kluwer Academic Publishers.

McComas W F. 2008. The nature of science in popular books on the subject: Lessons for science education. *In* Lee, Y. J. Tan, A. L.（Eds.）2008 Science education at the nexus of theory and practice. Rotterdam: Sense Publishers.

McComas W F, Olson J K. 1998. The nature of science in international science education standards documents. In W.F. McComas（Ed.）, The nature of science in science education: Rationales and strategies（pp. 41-52）. Dordrecht: Kluwer.

McCutcheon B. 1981. Elementary school teacher's planning for social studies and other subjects. Theory and Research in Social Education, 9（1）: 45-66.

McKeachie W J. 1994. Teaching tips: Strategies, research and theory for college and university teachers Lexington, MA: D.C Heath Co.

Millar R, Osborne J.F.（Eds.）. 1998. Beyond 2000: Science education for the future. London: King's College London.

Miller J D. 1983. Scientific literacy: A conceptual and empirical review. Daedalus, 112（2）: 29-48.

Miller J D. 1998. The measurement of civic scientific literacy. Public Understanding of Science, 7: 203-223.

Miller P E. 1963. A comparison of the abilities of secondary teachers and students of biology to understand science. Iowa Academy of Science, 70: 510-513.

National Assessment of Education Progress. 1989. National Assessment Science Objectives-1990 assessment, 18-26. Princton, N. J. : National Assessment of Education Progress.

National Research Council（NRC）. 1996. National science education standards. Washington, DC: National Academy Press.

National Research Council（NRC）. 2000. Inquiry and the national science education standards: A guide for teaching and learning. Washington, DC: National Academy Press.

Niaz M. 2005. Do general chemistry textbooks facilitate conceptual understanding? Quimica Nova, 28（2）: 335-336.

Nicol C C, Crespo S M. 2006. Learning to teach with mathematics textbooks: How preservice teachers interpret and use curriculum materials. Educationa/ Studies in Mathematics, 62: 331-355.

Ogan-Bekiroglu F. 2007. To what degree do the currently used physics textbooks meet the expectations? Journal of Science Teacher Education, 18: 599-628.

Overman M, Vermunt J D, et al. 2012. Textbook Questions in Context-Based and Traditional Chemistry Curricula Analysed from a Content Perspective and a Learning Activities Perspective. International Journal of Science Education, 1-25.

Osborne J, Collins S, Ratcliffe M, et al. 2003. What "ideas-about-science" should be taught in school science? A Delphi study of the expert community. Journal of Science Teacher Education, 40: 692-720.

Özay E, Haseneko gelu. 2007. Lise-3 biyoloji ders kitaplarındaki görsel sunumda gözlemlenen bazı sorunlar [Some problems in visual presentation of Biology-3 textbooks]. Journal of Turkish Science Education, 4 (1), 80-91.

Palmquist B C, Finley F N. 1997. Preservice teachers' views of the nature of science uring a post-baccalaureate science teaching program. Journal of Research in Science Teaching, 4: 595-615.

Pella M O, O' Hearn G T, Gale C W. 1966. Referents to scientific literacy. Journal of Research in Science Teaching, 4: 199-208.

Pine J, Aschbacher P, Roth E, et al. 2006. Fifth graders' science inquiry abilities: A comparative study of students in hands-on and textbook curricula. Journal of Research in Science Teaching, 43 (5): 467-484.

Pizzini E L, Shepardson D P, Abell S K. 1992, The Questioning Level of Select Middle School Science Textbooks. School Science and Mathematics, 92: 74-79.

Ponser G J. 2005. Analyzing the curriculum (3th). New York: McGraw-Hill.

Posner G J, Rudnitsky A N. 1978. Course design: a guide to curriculum development for teachers. New York: Longman Inc.

Ritchie S M, Rigano D L. 1996. Laboratory apprenticeship through a student research project. Journal of research in Science Teaching, 33 (7): 799-815.

Roadrangka V, Yeany R H, Padilla M J. 1982. Group Assessment of Logical Thinking Test (Masters Thesis); University of Georgia: Athens, GA.

Roberts D A. 1995. Junior high school science transformed: analysing a science curriculum policy change. International Journal of Science Education, 17 (1): 493-504.

Rubba P A, Anderson H. 1978. Development of an Instrument to assess secondary school students' understanding of the nature of scientific knowledge. Science Education, 62 (4): 449-458.

Rutherford J, Ahlgren A. 1990. Science for all Americans. New York: Oxford University Press.

Sandoval W A. 2003. The Inquiry Paradox: Why Doing Science Doesn'T Necessarily Change Ideas About Science. In C. P. Constantinou, Z. C. Zacharia (Eds.), Proceedings of the Sixth Intl. Computer-Based Learning in Science Conference 2003 (pp. 825-834). Nicosia, Cyprus.

Schmidt D J. 1967. Test on understanding science: A comparison among school groups. Journal of Research in Science Teaching, 5 (4): 365-366.

Schmidt W H, McKnight C C, Valverde G A, et al. 1997. Many visions, many aims: A cross-national investigation of curricular intentions in school mathematics. Boston: Kluwer Academic Press.

Schmidt W H, McKnight C C, Houang R T, et al. 2001. Why schools matter: A cross-national comparison of curriculum and learning. Jossey-Bass: A wiley company.

Schultz F H C. 1989. How do you select your physics textbooks? The Physics Teacher, 4: 278-279.

Schwab J J, Brandwein P F. 1962. The teaching of science as inquiry. In Schwabjj, Brandwein P F. The teaching of Seiense. Cambridge, MA: Harvard University Press: 3-103.

Schwartz K S, Lederman N G, Crawford B A. 2004. Developing views of nature of science in an authentic context: An explicit approach to bridging the gap between nature of science and inquiry. Science Teacher Education, 88: 610-645.

Schwartz R S, Lederman N G. 2002. "It's the nature of the beast": The influence of knowledge and intentions on learning and teaching nature of science. Journal of Research in Science Teaching, 39（3）: 205-236.

Shepardson D P. 1997. The nature of student thinking in life science laboratories. School Science and Mathematics, 97（1）: 37-44.

Showalter V. 1974. What is unified science education? Program objectives and scientific literacy. Prism II, 2: 1-6.

Shymansky J A, Kyle W C, Jr. 1992. Establishing a research agenda: Critical issues of science curriculum refonn. Journal of Research in Science Teaching, 29: 749-778.

Simon H A, Langley P, Bradshawm G L. 1981. Scientific discovery as problem solving. Synthese, 47: 1-27.

Singer J, Marx R W, Krajcik J S, et al. 2000. Constructing extended inquiry projects: Curriculum materials for science education reform. Educational Psychology, 35（3）: 165-170.

Singer M, Tuomi J. 1999. Selecting instructional materials: A guide for K-12 teachers. Washington, DC: National Academy Press.

Sloman S A. 1996. The empirical case for two systems of reasoning. Psychological Bulletin, 119: 3-22.

Smith M U, Scharmann L C. 1999. Defining versus describing the nature of science: A pragmatic analysis for classroom teachers and science educators. Science Education, 83: 493-509.

Smolleck L A, Yoder E P 2008. Further development and validation of the teaching science as inquiry （TSI）instrument. School Science and Mathematics, 108（7）: 291-297.

Smolleck L A, Mongan A M 2011. Changes in Preservice Teachers' Self-Efficacy: From Science Methods to Student Teaching. Journal of Educational and Developmental Psychology, 1（1）: 133-145.

Smolleck L D. 2004. The development and validation of an instrument to measure preservice teachers' self-efficacy in regard to the teaching of science as inquiry. Unpublished doctoral dissertation. The Pennsylvania State University.

Smolleck L D, Zembal-Saul C, Yoder E. 2006. The development and validation of the teaching of science as inquiry（TSI）instrument. Journal of Science Teacher Education, 17（2）: 137-163.

Solomon J, Duveen J, Scot L, et al. 1992. Teaching about the nature of science through history: Action research in the classroom. Journal Research Science Teacher, 29: 409-421.

Stein M K, Remillard J, Smith M S. 2007. How curriculum influences student learning. In Frank K. Lester, Jr.（Ed.）, Second handbook ofresearch on mathematics teaching and learning（pp.319-

369）. NCTM: Information Age.

Tamir P. 1977. How are the laboratories used. Journal of Research in Science Teaching, 14: 311-316.

Tamir P. 1989. Training teachers to teach effectively in the laboratory. Science Education, 73: 59-69.

Tamir P. 1991. Practical Work in School Science: An Analysis of Current Practice. In B. Woolnough （ed.）, Practical Science, Open University Press, Milton Keynes, 13-20.

Tamir P, Lunetta V N. 1978. An analysis of laboratory activities in the BSCS Yellow Version. American Biology teacher, 40: 353-357.

Tamir P, Lunetta V N. 1981. Inquiry related tasks in high school science laboratory handbooks. Science Education, 65: 447-484.

Tarr J E, Reys R E, Reys B J, et al. 2008. The impact of middle-grades mathematics curricula and the classroom learning environment on student achievement. Journal for Research in Mathematics Education, 39（3）: 247-280.

Thompson E, Ingram D, Kendle A, et al. 2001. Reading resources: Practical advice for enhancing your teaching and learning. Retrieved August 14, 2012, from The University of Western Australia.

Tobin K. 1987. The Role of Wait Time in Higher Cognitive Level Learning. Review of Educational Research, 57: 69-95.

Tobin K G. 1990. Research on science laboratory activities: In pursuit of better question and answers to improve learning. School science and Mathematics, 90（5）: 403-418.

Tobin K G, Capie W. 1981. The Development and Validation of a Group Test of Logical Thinking. Educational and Psychological Measurement, 41（2）: 413-423.

Tobin K, Gallagher J J. 1987. What happens in high school science classrooms? Journal of Curriculum studies, 19: 549-560.

Toth E E, Suthers D D, et al. 2002. "Mapping to know": The effects of representational guidance and reflective assessment on scientific inquiry. Science Education, 86（2）: 264-286.

Trowbridge L W, Bybee R W. 1986. Becoming a Secondary School Science Teacher（4th Ed）. Ohio: A Bell & Howell Company

VanCleave J. 1997. Janice VanCleave's guide to the best science fair projects. New York: Wiley.

VanJoolingen W R, Jong T D. 1997. An extended dual search space model of scientific discovery learning. Instructional Science, 25（5）: 307-346.

Visavateeranon S. 1992. Effect of research experiences on teachers' perceptions of the nature of science. Doctoral dissertation, University of Minnesota.

Whalley M. 1992. Experiment with magnets and electricity. Minneapolis, MN: Lerner.

Wilson L. 1954. A study of opinions related to the nature of science and its purpose in society. Science Education, 38（2）: 159-164.

Zachos P, Hick T L, Doane W E J, et al. 2000. Setting theoretical and empirical foundations for assessing scientific inquiry and discovery in educational programs. Journal of Research in Science Teaching, 37: 938-962.

Zimmerman B J. 2007. The development of scientific thinking skills in elementary and middle school. Developmental Review, 27: 172-223.

Zimmerman B J, Kitsantas A. 2005. Homework practices and academic achievement: The mediating role of self-efficacy and perceived responsibility beliefs. Contemporary Educational Psychology, 30: 397-417.

Zimmerman C. 2005. The Development of scientific reasoning skills: What Psychologists Contribute to an understanding of elementary science learning? Illinois: Illinois State University，2005.1.

Zion M, Shapira D, Slezak M, et al. 2004. Biomind—A new biology curriculum that enables authentic inquiry learning. Journal of Biological Education, 38（2）: 59-67.

Zion M, Slezak M, Shapira D, et al. 2004. Dynamic, open inquiry in biology learning. Science Education, 88: 728-753.

附　　录

附录1　中学科学教材中科学探究的评价指标体系专家问卷

尊敬的老师：

　　您好！本研究目的是想建构一个中学科学教材中科学探究的评价指标体系，根据已有的文献分析，我们认为要想深入地评价科学教材是否适宜探究教学和探究式学习，应该采用内容分析法来分析教材的文本，内容分析法最关键的一步就是要建构一个分析文本的编码框架（也就是我们这里的教材评价指标体系）。

　　在文献分析的基础上，我们把科学探究界定为学生为了获得科学知识、理解科学的本质、价值和精神、掌握科学家研究自然界所采用各种方法而进行的各种活动，包括科学探究的过程（过程性技能或科学探究能力）和对科学探究过程的认识（科学本质）两个方面。因此，中学科学教材中科学探究的评价指标体系也包括两个方面，分别是科学探究过程的评价指标和科学本质的评价指标。

　　第一，科学探究过程的评价指标主要用来对科学教材中的探究活动进行内容分析，包括开放度和认知操作度两个维度，开放度是指探究过程的这些元素被学生主导的程度，认知操作度是指如果教材中探究活动是开放性的，那么学生在认知操作上如何进行才有利于发展科学探究能力。

　　第二，科学本质的评价指标主要用来对科学教材中除了探究活动以外的其他文本进行内容分析。基于已有的研究分析，研究认为中学生应该理解的科学本质包括暂时性、经验性、主观性、推论、创造性、科学理论和科学定律。

久闻您是科学教育方面的专家，今天找您访谈的主要目的是想请您对我们建构的两个方面的评价指标进行评价，**如果您同意该项内容，请在相应处打"√"，如果您觉得需要补充，烦请您在空白处填写您的建议。**

表1 开放度

	维度一：开放度	是否同意	补充建议
提出问题	明确提出学生要解决的问题		
	没有明确提出学生要解决的问题，但也没有明确要求学生自己提出研究的问题		
	明确要求学生自己提出研究的问题		
提出假设	明确给出需要验证的假设		
	没有明确给出假设，但也没有明确要求学生自己提出研究假设		
	明确要求学生提出研究假设		
选择变量	明确告诉学生研究的相关变量		
	给学生提供了一些变量，但没有告诉学生哪些是自变量，哪些是因变量，哪些是无关变量		
实验控制	明确给出详细的实验程序及其控制变量的方法		
	需要学生自己提出研究程序		
实验仪器选择	明确告诉学生要使用的实验仪器		
	让学生自己决定和选择使用的实验仪器		
观察	明确告诉学生观察和记录哪些变量，并告诉学生如何记录		
	明确告诉学生观察和记录哪些变量，但要求学生自己决定怎么记录		
	让学生自己决定和选择记录哪些变量及如何记录		
观察结果的处理	明确告诉学生如何处理观察结果		
	让学生自己决定如何处理观察结果		
解释	不要求学生解释实验结果		
	要求学生对实验结果进行简单的解释		
交流	不要求学生交流自己的研究结果		
	要求学生交流自己的研究结果		

表2 认知操作度

	维度二：认知操作度	是否同意	补充建议
提出问题	要求学生根据问题情景结合已有知识提出研究问题		
	要求学生在阅读专家研究报告的基础上根据问题情景提出研究问题		
提出假设	要求学生提出备择假设		
	要求学生根据研究假设对实验结果进行预测		

续表

	维度二：认知操作度	是否同意	补充建议
选择变量	让学生自己选择和操作定义变量		
	需要学生自己创造并操作定义变量		
实验控制	给出简单的实验程序但需要学生自己提出简单的控制变量的方法		
	给出简单的实验程序但需要学生自己提出简单和复杂的控制变量的方法		
	需要学生自己设计实验程序及控制所有的变量		
实验仪器选择	了解观察仪器的功能和局限		
	需要自己设计观察仪器		
观察	理解观察者偏见		
	能采取措施避免观察者偏见		
观察结果的处理	对实验结果进行简单的数学处理		
	对实验结果进行复杂的数学处理		
解释	有没有替代性的解释		
	实验结果和研究问题之间的关系需要复杂的推论链		
	实验结果是否符合某种理论解释，或建构理论来解释实验结果		
	能否整合多个研究结果		
	实验结果能否概化		
交流	要求学生评价该实验存在的问题		
	要求学生能根据研究结果提出新的研究问题和假设		
	要求学生研究专家的研究报告		

表3 科学本质的评价指标

科学本质	内涵	是否同意
暂时性	科学知识是可靠的，禁得起考验，但并不是绝对的或确定无疑的。所有知识（事实、理论和定律等）都是会改变的。随着构念和技术进步，当新证据出现了，科学主张就会发生变化。根据新的或修订的理论，已有的证据需要重新进行解释，随着文化和社会团体的变化，或者研究计划的方向的改变，科学知识也会发生变化	
经验性	科学主张源于自然观察，或要和自然观察一致，但是科学家并不直接获得大部分自然观察，观察总是需要经过感觉的过滤、科学仪器功能假设的调节或具体理论框架的解释	
主观性	科学家从相同的数据出发能得出不同的结论，其原因在于他们有不同的经历和背景（含教育经历和教育背景）	
推论	推论和观察完全不同。观察是对感知器官获得的自然现象的描述，例如，物体从高处释放倾向于落到地面上；而推论描述的不是感觉器官直接获得的，是对感官不能直接感受到的现象状态的描述，例如，物体倾向于落地是因为地心引力的作用。科学构念（如重力）是对感觉现象的推论，只能通过表现或效果来进行测量或获得	
创造性	科学并不总是理性的或系统性的活动。科学知识的产生涉及科学家对解释和理论实体的创新即创造性。科学包含解释和理论的发明创造，这些都需要科学家的创造性	

续表

科学本质	内涵	是否同意
科学理论	科学理论是得到确认的、得到充分证明了的和内部一致的解释系统。主要包括：第一，能够解释几个研究领域内许多看似无关的观察；第二，能够衍生研究问题；第三，引导进一步的研究。科学理论经常是基于假设或公理，能推论无法观察到的实体的存在。因此直接的测验是不可能也是没有意义的，只有间接的证据才能证明科学理论。科学家能从科学理论获得具体的可验证的假设，并通过观察检验这些假设。假设和观察之间的一致增加了科学理论的可信度	
科学定律	科学理论与科学定律之间的区别类似于观察与推论之间的区别。科学定律是对可观察现象之间关系的描述，例如，表示在温度恒常条件下气体的压强与体积之间的关系的波义耳定律即是一个例子。与之相反，科学理论是对观测到的现象或者是这些现象的规律的推断性解释	
如果需要补充，请您填写宝贵建议，谢谢！		

附录2　5个版本初中物理教材（八年级上册）中科学本质的分析情况

表4　北师大版初中物理教材（八年级上册）科学本质分析结果

科学本质	页码	具体内容	得分
暂时性	P13	自然界中的物质除固态、液态和气态之外，还存在其他状态，其中一种状态叫作等离子态	1
	P25	1823年，法拉第在研究氯化物的性质时，发现玻璃管的冷端出现了液滴，经过研究证明这是液态氯。1826年，他把充气的玻璃管浸入冷却剂中，陆续液化了一些其他气体。但氧、氮、氢等气体却毫无液化的迹象，许多科学家认为，这些气体就是真正的"永久气体"。……1877年，两位物理学家几乎同时分别采用不同方法在−140℃下实现了氧气的液化。随着技术的发展，科学家们在−183℃下液化了氮，在−195℃下液化了氧化亚氮。1898年，英国人杜瓦用多孔塞膨胀法在−240℃的低温下液化了氢气，1908年，荷兰物理学家昂纳斯在−269℃的低温下把自然界中最轻的惰性气体氦液化了	1
	P35	随着科学技术的发展，人类开始成功地干预天气，人工增雨和人工消雨已成为现实	1
合计			3

续表

科学本质	页码	具体内容	得分
经验性	P10-P11	温度计上的℃是摄氏温度的单位，它是这样规定的：在大气压为 1.01×105 Pa 时，把冰水混合物规定为 0 度，而把水沸温度规定为 100 度，把 0 度到 100 度之间分成 100 等份，每一等份成为 1 摄氏度。热力学温度是以 −273℃为零点温度。华氏温度规定在大气压为 1.01×105Pa 时，把冰水混合物规定为 32 度，水沸温度规定为 212 度，把 32 度到 212 度之间分成 180 等份，每一等份成为 1 华氏温度	1
	P14	气体温度计、辐射温度计、双金属片温度计、电阻温度计各自的原理	1
	P22	在高山和高原等地区，由于大气压强较小，水的沸点低于 100℃，因此，在高山上会出现许多怪现象："开水"不烫手，鸡蛋煮不熟	1
	P25	1877 年两位物理学家几乎同时分别采用不同方法在 −140℃下实现了氧气的液化	1
	P88	我们把刚刚听到的声音定为 0db	1
	P94	测速仪除了利用超声波外，还可以利用电磁波，如雷达测速仪就是利用电磁波测定运动物体速度的	1
	P117	白光不是单色光，而是由不同颜色的光组成的	1
	P118	透明物体的颜色是……由它能够透过的色光决定的……不透明物体的颜色是由它反射的色光决定的	1
合计			8
主观性			
推论	P9	这个实验告诉我们：冰可以发生变化	1
	P10	实验表明，要准确借助仪器进行测量	1
	P19	这说明增大压力也能使冰的熔点降低	1
	P22	从实验现象和图中曲线……但水温不再升高	1
	P27	这说明碘受热变成碘蒸气……固态的碘	1
	P76	大量实验告诉我们……做往复运动	1
	P79	声音在传播过程中遇到障碍……会被吸收	1
	P99	有以上经验可知：……光在均匀介质中是沿直线传播的	1
	P100	太阳光传播到地球上……是 400 年前发出来的	1
	P103	由上述实验，我们可以得到结论……这就是光的反射定律	1
	P105	根据激光往返的时间和光的传播速度，……之间的距离	1
	P107	分析与结论：平面镜所成的像……是虚像	1
	P112	实验数据表明：光在发生折射时……折射角大于入射角	1
	P117	色散现象表明：白光不是单色光，而是由不同颜色光组成的	1
	P118	此实验结果表明：透明物体的颜色……决定的	1
	P118	实验表明……不透明物体……色光决定的	1
合计			16
创造性	P13	利用等离子……各种显示器	1
	P25	1823 年，法拉第在研究氯化物的性质时，发现玻璃管的冷端出现了液滴，经过研究证明这是液态氯。1826 年，他把充气的玻璃管浸入冷却剂，陆续液化了一些其他气体。但氧、氮、氢等气体却毫无液化的迹象，许多科学家认为，这些气体就是真正的"永久气体"。……1877 年，两位物理学家几乎同时分别采用不同方法在 −140℃下实现了氧气的液化。随着技术的发展，科学家们在 −183℃下液化了氮，在 −195℃下液化了氧化亚氮。1898 年，英国人杜瓦用多孔塞膨胀法在 −240℃的低温下液化了氢气，1908 年，荷兰物理学家昂纳斯在 −269℃的低温下把自然界中最轻的惰性气体氦液化了	1

续表

科学本质	页码	具体内容	得分
创造性	P28	人工降雨也称为人工增雨。它需要根据不同云层的物理特性，选择合适的时机，用飞机、火箭弹向云中播撒特定物质（参见本书第35页阅读材料），使云层中的水蒸气变成小冰粒，这些冰粒在下落过程中变成了水滴，水滴降落就形成了雨（图1-28）	1
	P31	高压锅工作时，与外界相通的放气孔被安全阀封闭……一般家用高压锅内部温度可达110℃－120℃	1
	P32	电冰箱所用的制冷物质……大量吸热的物质	1
	P32	飞船返回舱的"防热衣"	1
	P32	运载火箭的液态燃料与阻燃剂	1
	P32	热管	1
	P34	嫦娥一号探月卫星	1
	P35	人工增雨和人工消雨	1
	P78	立体声：最简单的办法是在演奏音乐的舞台上……人就感觉到这个乐器处在偏左的位置	1
	P79	音乐厅内的建筑装饰	1
	P80	天坛中的回音壁……中外闻名	1
	P92	噪声的利用：科学家发现，不同的植物对不同的噪声敏感程度不一样。根据这个道理，人们制造出噪声除草剂	1
	P92	噪声也可以用于诊病……探测人体的病灶。	1
	P92-93	超声波频率高、波长短……制造出水声仪器——声呐。超声波在人体内不用……帮助医生做出诊断。……探查出金属零件内部的裂纹与隐患	1
	P94	次声波速度大于风暴传播速度……检测地球任何一个角落进行的核试验	1
	P95	语音识别	1
	P106	角反射器用于自行车尾灯	1
	P106	角反射器测量地球和月球的距离	1
	P110	太阳灶（图5-23）、大型反射式望远镜、医生观察耳道的医用反光镜等，都是利用了凹面镜会聚光的性质制作的。2008年北京奥运会圣火火炬，就是用凹面镜会聚太阳光点燃的	1
	P115	1966年，高锟博士……1970年，美国康宁公司……这就是光导纤维	1
合计			22
科学理论			
科学定律			

表5　沪粤版初中物理教材（八年级上册）科学本质分析结果

科学本质	页码	具体内容	得分
暂时性	P39	对声音的研究也推动了音乐的发展，现在，利用计算机技术进行音乐的数字合成，已经能够逼真地模仿出各种声音，更好地满足了人们的文化艺术享受	1
	P46	随着科学技术的发展，人们逐渐认识了光的本性，光的应用领域也进一步拓展了	1
	P48	在很长一段时期内，人们以为光的传播是不需要时间的。直到17世纪后期，人们才知道光是以一定的速度传播的	1
	P77	400多年前，伽利略……发现了太阳的黑子。以后，随着望远镜技术的不断改进，……人们的视野正在一步步地向宇宙深处拓展	1

续表

科学本质	页码	具体内容	得分
		合计	4
经验性	P77	光学显微镜的发明，使人们观察到了微生物，发现了细胞，引发了医学和生物学的划时代革命	1
	P77	400多年前，伽利略……发现了太阳的黑子。以后，随着望远镜技术的不断改进，人们的视野正在一步一步地向宇宙深处拓展	1
	P83	图4-3所示的温度计的分度方法，是瑞典科学家摄尔修斯（A. Celsius，1701—1744）首先制定的，故被称为摄氏温标	1
	P84	在国际单位制中，采用的是热力学温标，这是英国科学家汤姆生，即开尔文勋爵创立的。有些国家采用华氏温标，这是德国物理学家华伦海特首创的	1
		合计	4
主观性			
	P24	上述活动表明：声音是由于振动而产生的	1
	P27	通过以上实验可以知道，……声音不能传播。通过以上活动可以知道，声音需要气体、液体、固体等作为传播的介质。在真空中，声音是不能传播的	1
	P31	根据上述实验，可以得出如下结论：……音调	1
	P35	通过上面的活动，可以得出结论：……声音的响度	1
	P47	生活经验和实验观察都告诉我们，光不仅在空气中是沿直线传播的，在水、玻璃等透明介质中，它的传播路径也是直的。由此可见，光在同一种均匀介质中是沿直线传播的	1
推论	P49	这个活动告诉我们：白光是由七种色光组成的	1
	P49	爱因斯坦最先指出，真空中的光速是物体运动速度的极限，自然界中任何物体的运动速度都不可能大于光在真空中的传播速度。当物体的运动速度接近于光速时，会发生一些奇特的效应	1
	P57	总结上述实验，可得……呈现在光屏上	1
	P62	上述结果表明……在水或玻璃中的传播方向	1
	P71	上述活动，可以归纳……通过与同学交流讨论	1
	P82	这个实验说明，单凭……需使用测量仪器——温度计	1
	P88	大量事例表明……	1
	P101	这个实验表明……	1
		合计	13
	P40	声音与建筑：我国不少古建筑巧妙地应用了声学知识……由于前三几次最为清晰，故此石被称为三音石	1
	P41	超声波作为信息载体……超声处理种子等	1
	P42	次声的应用……火山和地震活动等	1
	P54	红宝石激光器……反射传输信息，等等	1
	P58	平面镜的应用非常广泛……我们可以看到美丽而奇妙的图像	1
创造性	P68	据晋代张华的《博物志》记载："削冰令圆，举以向日，以艾承其影，则得火。"用现代的话来说，就是把冰块制成凸透镜，正对着太阳，就可以利用凸透镜对光的会聚作用，将物体点燃（图3-52）	1
	P75	为了记录难以忘怀……发明了照相机	1
	P76	利用透镜成像的性质，人们发明了显微镜和望远镜的光学仪器	1
	P85	气体温度计、辐射温度计……电阻温度计	1
	P93	液体汽化吸收热量……利用这一原理制成的	1

续表

科学本质	页码	具体内容	得分
创造性	P102	用干冰可以实施人工降雨。配备特殊装置的飞机将干冰撒入一定高度的冷云层中，干冰就会很快升华，并从周围吸收大量的热，使空气的温度急剧下降，于是高空中的部分水蒸气便凝华成小冰粒。这些小冰粒逐渐变大而下落，遇到暖气流就熔化为雨点降落到地面上，在一定条件下就形成降雨	1
合计			11
科学理论			
科学定律			

表6 教科版初中物理教材（八年级上册）科学本质分析结果

科学本质	页码	具体内容	得分
暂时性	P41	过去人们认为鱼儿没有声带，也没有耳朵，是哑巴，是聋子。后来随着科学家研究发现，许多鱼儿都有发声听音的能力	1
	P58	目前，尚未发现运动速度比真空中光传播速度更快的物体	1
	P69	我们知道，光反射时遵循反射定律，光的折射是否也有一定规律呢？人类对这个问题的认识，经历了1400多年的时间。下面我们通过实验来认识光的折射规律	1
	P77	随着科技的发展，人们发明了更快、更好地保存图像的方法，记录动态图像的摄影机也走进了我们的生活	1
	P101	从5000年前的青铜冶炼到现代单晶硅的生长，很多材料的生产、加工都需要利用熔化和凝固规律等物态变化的知识	1
	P104	在很低的温度下，空气也能变成液体。为了实现空气的液化，科学家们经历了100多年的艰难探索。现代科学技术已经可以把所有的气体液化	1
合计			6
经验性	P68	科学家预测，这面"小月亮"……就像白天一样	1
	P83	300多年来，望远镜不断得到完善，人类发现了一个又一个的新天体，为天文学开辟了一系列新的研究领域	1
	P84	显微镜的发明，使人们看到了微小世界的奥秘，看到了微生物，发现了细胞，引起了医学和生物学的划时代革命	1
	P85	牛顿猜想，白色的太阳光是由各种颜色的光混合而成的。光通过三棱镜发生折射，不同色光改变方向的程度不同，于是白光就分散成各种颜色的光。如果这样，那些彩色光混合，就一定能变成白光	1
	P92	在一个标准大气压下冰水混合物的温度是0℃，沸水的温度是100℃，0℃和100℃之间分成100等份，每个等份代表1℃	1
	P105	在液体表面，某些能量较大的分子能克服液体内部其他分子的束缚而"飞离"液体表面，这就是蒸发	1
	P105	沸腾时，有一些分子由于获得了足够的能力，摆脱了其他分子的束缚，进入液体内部的小气泡，从而使小气泡逐渐变大并上升到液面，气泡破裂，其中的水蒸气"飞"到空气中	1
合计			7
主观性			
推论	P36	通过上面的观察我们可知……声音是由物体的振动产生的	1
	P38	这个实验说明：声音必须借助于某种物质才能传播	1
	P61	通过实验，可以得到……等于入射角	1
	P62	这表明，在反射时，光路是可逆的	1
	P66	实验表明：平面镜……到平面镜的距离	1

续表

科学本质	页码	具体内容	得分
推论	P99	实验表明：晶体在融化过程中，要不断吸收热量，温度不变	1
	P68	如果太空镜足够多，就可能把我们的地球照耀成"不夜之球"。但是，如果地球上没有了黑夜，地球会发生什么变化呢？气候会变暖吗？如果南极的冰川融化，陆地会不会被淹没，对地球上的动植物会有什么影响……	1
	合计		7
创造性	P41	科学家还发现，每一种鱼对同伴的叫声、游声和食声都很熟悉，一听到这种声音就知道同伴来了，会立即做出反应。根据这个道理，渔民们常常利用鱼儿喜欢听的音乐诱鱼入网，提高捕鱼效率	1
	P45	1978年，湖北省随州曾侯乙墓出土了战国早期的编钟，共64件，均由青铜铸成。……钟的大小决定其音调的高低	1
	P47	例如，利用噪声……可获知海底的情况，等等	1
	P48	人们还设计出了新颖的反噪音器。科研人员还研制出了反噪声耳机	1
	P50	据此，人们利用声的……接受能量的一种方式	1
	P50	在水中，超声波……海水的深度	1
	P50	B超、倒车雷达	1
	P51	用一种高灵敏的检测装置（又叫大耳朵）。科学家根据次声波可以在海水中远距离传播以及声速随温度的变化十分灵敏的特点，建立了海域监测网，可以计算出大范围内海洋的平均温度	1
	p52	声识别技术	1
	P53	回音壁中间还有一块石板……被称为"三音石"	1
	P61	香港汇丰银行大楼利用反射镜将自然光引进楼内，解决了大楼的照明问题	1
	P64	1966年，中国香港物理学家高锟开创性地提出光导纤维在通信上应用的基本原理，最终促使光纤通信系统问世、被誉为"光纤通讯之父"。中国香港物理学家高锟……促使光纤通信系统问世	1
	P68	如果太空镜足够多，就可能把我们的地球照耀成"不夜之球"。但是，如果地球上没有了黑夜，地球会发生什么变化呢？气候会变暖吗？如果南极的冰川融化，陆地会不会被淹没，对地球上的动植物会有什么影响……	1
	P72	他们砍下一块冰……很快棉絮就燃起了火苗。早在1600多年前，我国《博物志》中就有"削冰取火"的记载，清代科学家郑复光用实验证实了此方法是可行的	1
	P77	照相机是人类一项伟大的发明，它利用凸透镜能成缩小实像的原理，使来自物体的光经凸透镜后在感光胶片或感光器件上形成一个倒立、缩小的实像。这样，美好的生活和青春的身影将一张张定格在我们的相册中	1
	P82	1608年，一个偶然的机会，两个孩子把两个透镜组合在一起，观看远处教堂的风标，哇，远处的风标好像就在眼前！伽利略得知这个消息，激动不已，经过精心设计，制作了可以放大32倍的望远镜	1
	P82	世界上一些伟大的发明往往是由偶然事件开始的，但偶然事件只有碰到了有心人，才能成为伟大发明的开端	3
	P84	早在1665年，胡克……仪器叫做显微镜	1
	P101	在太空中……飞船返回地球	1
	P105	电冰箱就是利用这个原理制造的	1
	P106	热管是一根密封的真空金属管……甚至上万倍	1
	合计		23
科学理论			
科学定律			

表7　人教版初中物理教材（八年级上册）科学本质分析结果

科学本质	页码	具体内容	得分
暂时性	P28	早期机械唱片……随着技术的进步，人们发明了用磁带、激光唱盘和存储卡等记录声音的方法	1
	P51	这样便诞生了专用的体温计，随着电子技术的发展……有的可以精确到 0.01 摄氏度	1
	P62	我国在 1991 年签署了《蒙特利尔议定书》，目前，在我国，主要使用对臭氧层破坏较小的 R134a，R600a 等新型物质作为冰箱的制冷剂	1
	P85	17 世纪以前，人们一直认为白色是最单纯的颜色，直到 1666 年，英国物理学家牛顿用玻璃三棱镜分解了太阳光，这才揭开了光的颜色之谜。彩虹就是太阳光在传播中遇到空气中的水滴，经反射、折射后产生的现象	1
	P95	现在生活中常使用数码相机，数码相机用一种电荷耦合器件代替胶片	1
	P104	1609 年，伽利略用自制的望远镜观察天体，以确凿的证据支持了哥白尼的"日心说"	1
	P105	目前，人类观测到的最远的天体距离我们约 140 亿光年。1900 年，科学家把"哈勃"太空望远镜送入了太空……这使人类对宇宙的了解越来越深入	1
	P105	目前，人类观测到的最远的天体距离我们约 140 亿光年	1
合计			8
经验性	P33	人能感受到的声音频率……20HZ 到 20000HZ	1
	P43	人们以分贝为单位来表示声音强弱的等级	1
	P48	摄氏温度是这样规定的……每个等份代表 1 摄氏度	1
	P85	17 世纪以前，人们一直认为白色是最单纯的颜色，直到 1666 年，英国物理学家牛顿用玻璃三棱镜分解了太阳光，这才揭开了光的颜色之谜。彩虹就是太阳光在传播中遇到空气中的水滴，经反射、折射后产生的现象	1
	P104	1609 年，伽利略用自制的望远镜观察天体，以确凿的证据支持了哥白尼的"日心说"	1
	P105	1990 年，科学家把"哈勃"太空望远镜送入太空，使人类观测宇宙的能力空前提高。除光学望远镜外，人们还发明了其他观察太空的仪器，如射电望远镜，这使得人类对宇宙的了解越来越深入	1
合计			6
主观性			
推论	P29	这个实验告诉我们，正是……航天员也只能通过无线电交流	1
	P51	辐射温度计也能测量上千摄氏度甚至上万摄氏度的高温。它通过光学方法测定物体的辐射，进而得知那个物体的温度	1
	P59	从实验中可以看到，水沸腾……不断吸热	1
	P61	实验表明：所有气体的温度降到足够低时，都可以液化	1
	P69	这些现象说明：光在空气中也是沿直线传播的	1
	P71	打雷和闪电在远处同时发生……这表明，光比声音传播的快	1
	P72	银河系是由超过 1000 亿颗恒星组成的星系	1
	P86	太阳的能量以光的形式辐射到地球。如果把非常灵敏的温度计分别放到色散开不同颜色的光处，都能够检测到温度的上升，值得注意的是在红光以外的部分，温度也会上升，说明这里也有能量辐射，只不过人眼看不见	1
	P104	1846 年，科学家根据牛顿发现的万有引力定律，猜想天王星外还存在一颗未知的行星，并计算出了这颗行星的运动轨道	1

续表

科学本质	页码	具体内容	得分
		合计	9
创造性	P38-39	蝙蝠采用的方法叫回声定位，科学家利用这个原理发明了声呐，帮助盲人出行。利用声呐系统，人们可以探知海洋的深度，绘出水下数千米处的地形图	1
	P40	外科医生常利用超声波振动除去人体内的结石	1
	P40	驰名中外的北京天坛……高水平的建筑声学	1
	P50-51	体温计：用体温计测量体温时……为了使读数不降……水银不会自动流回玻璃泡内。后来，英国医生阿尔伯特想出一个好办法——在温度计的水银管里造出一处狭道	1
	P57	在北方的冬天，为了很好地保存蔬菜……这样可以利用水结冰时放出的热使窖内的温度不会太低	1
	P79	如果把许多平面镜按照一定的规律排列……从而利用太阳能来发电，这就是塔式太阳能电站的原理	1
	P87	夜间人的体温比野外草木……人们根据这个道理制成了红外线夜视仪	1
	P104	1846年，科学家根据……未知的行星……这颗行星的运行轨道	1
		合计	8
科学理论			
科学定律			

表8 苏科版初中物理教材（八年级上册）科学本质分析结果

科学本质	页码	具体内容	得分
暂时性	P10	人们在很早以前就曾采用多种方法来测量声速。1635年，有人利用类似如图1-8所示的方法测量声速。1738年，法国的几位科学家借助炮声测得声音在空气中传播的速度为337 m/s，鉴于当时的测量工具十分简陋，能得出这样的结果，已经相当了不起了	1
	P55	通过实验研究光的色散现象……牛顿……使人类在认识光的道路上迈出了重要的一步	1
	P64	《墨经》成书于……要早做数百年	1
	P77	17世纪，人们已经能根据木星及其卫星绕太阳运行的规律，计算出地球上观测到木卫食（类似地球上的月食）的时间。虽然这个数值和光速的准确值相差甚远，但它却是人类有史以来光速的第一个观测值，该观测结果揭示了光速有限的事实	1
	P95	第一位把望远镜用于……"日心说"。1609年，伽利略用自制的望远镜观察天体，以确凿的证据支持了哥白尼的"日心说"	1
		合计	5
经验性	P10	人们在很早以前就曾采用多种方法来测量声速。1635年，有人利用类似如图1-8所示的方法测量声速。1738年，法国的几位科学家借助炮声测得声音在空气中传播的速度为337 m/s，鉴于当时的测量工具十分简陋，能得出这样的结果，已经相当了不起了	1
	P17	物理学中，用声强级来客观描述声音的强弱，它的单位是分贝。声强级为0db的声音，人耳刚刚能听到它；90分贝以上的噪音会对人的听力造成损伤	1
	P30	1742年，瑞典物理学家摄尔西斯在总结前人经验的基础上创立了摄氏温标，他以通常情况下冰水混合物的温度为0℃，以标准大气压下水沸腾时的温度为100℃，将0℃至100℃之间等分为100份，每一等份是一个单位，叫做1摄氏度	1
	P31	根据不同的测量要求，人们制造了各种温度计……因此能较精确的显示出人体的温度	1
	P50	华氏温度是德国物理学家华伦海特创立的	1

续表

科学本质	页码	具体内容	得分
经验性	P55	牛顿、白光、分解。最早通过实验研究光的色散现象……牛顿……白光是由多种色光混合而成的	1
	P59-60	1800年，英国科学家赫歇尔……研究各种色光的热效应时……其示数也会增大。他推测这一区域存在一种人眼看不见的光。红光外侧存在红外线。那么，紫光外侧是否也存在某种不可见光呢？1801年，德国物理学家里特偶然发现，放在太阳光色散光带紫光外侧的照片底片被感光了，里特没有忽视这个小问题，他反复进行研究，终于发现了这里有一种不可见光——紫外线（ultra-violet ray）	1
	P76-77	利用物理学得出的天体运行规律，推算出历史上日食、月食发生的年代，再结合文献、考古等方面的研究成果确定了夏、商、周三个王朝的确切年代	1
	P77	伽利略和助手测光速实验。1607年（伽利略1564—1642）进行了世界上第一次测量光速的尝试。他和助手分别站在相距1.5km的两座山上，每人手拿一盏灯。伽利略先打开灯，当助手看到他的灯光时，立刻打开自己的灯。从伽利略打开灯到他看见助手那盏灯的灯光，这段时间就是光传播3km所用的时间。伽利略设计的方法虽然很巧妙，但由于人的反应时间和打开灯所用的时间比光在两个山头之间往返所用的时间还要长得多，所以实验没有成功，但这次实验揭开了人类对光速进行测量的序幕。丹麦天文学家罗默发现……发生木卫食的时间就逐渐推迟	1
	P94-95	天文望远镜的发展。1608年，荷兰的一位眼镜制造师……从而导致了望远镜的发明；1609年，伽利略用自制的望远镜……支持了哥白尼的"日心说"	1
	P99	伽利略：日心说。18岁那年，有一次在比萨教堂……摆振动的等时性……为摆钟的发明提供了理论依据；后来，伽利略自制了折射式天文望远镜……和土星的光环等	1
合计			11
主观性			
推论	P9	声音也是以类似的方式传播的，只是人眼看不到	1
	P11	声波能使烛焰晃动，利用超声波能加工坚硬的玻璃……这些都表明声音具有能量……	1
	P25	人耳听到声音的过程描述	1
	P40	由上述探究活动可知：冰在……需要放热	1
	P58	光不仅能使周围变得明亮、温暖，还能使胶卷感光……所以，光具有能量，这种能量叫做光能	1
	P59	1800年，英国科学家赫歇尔……研究各种色光的热效应时……推测这一区域存在一种人眼看不见的光	1
	P64	小孔成像。《墨经》成书于公元前4世纪，是墨家的代表作，其中最早记载了小孔成像现象，从而证明了光沿直线传播的特性	1
	P76	1996年，我国首次实施……夏商周断代工程……确定了夏、商、周三个王朝的确切年代	1
	P77	地球上观测到的木卫食时间。17世纪，人们已经能根据木星及其卫星绕太阳运行的规律，计算出地球上观测到木卫食（类似地球上的月食）的时间。虽然这个数值和光速的准确值相差甚远，但它却是人类有史以来光速的第一个观测值，该观测结果揭示了光速有限的事实	1
	P86	光线是一种抽象出来……特征和规律。光线是一种抽象出来的物理模型，它能形象地描述光的传播路径和方向。在研究某些光学问题时，人们常选择几条特殊光线画出光的传播路径，从而清晰地反映出此类光学现象的特征和规律	3
	P99	摆振动的等时性规律。伽利略：日心说。18岁那年，有一次在比萨教堂……摆振动的等时性……为摆钟的发明提供了理论依据	1
合计			13

续表

科学本质	页码	具体内容	得分
创造性	P11	人们利用超声波制成超声波钻孔机和切割机,对坚硬的玻璃、宝石、陶瓷等进行加工	1
	P14	曾侯乙编钟(如图1-14所示)是湖北随州曾侯乙墓出土的战国时期的编钟……迄今为止,人们用这套编钟还能演奏古今乐曲,且音域宽广、音色优美	1
	P19	科学研究发现,当两个声源发出满足一定条件的两列声波时……能将这一技术应用于消除空调器、大功率电冰箱以及汽车发动机等所产生的噪声	1
	P21	人们根据超声方向性好……此外,利用声呐装置还可以测绘海底的地形。B超、超声波清洗器	1
	P25-26	北京天坛的回音壁是一堵圆形的围墙,声波可沿墙面连续反射传播。如两人分立于东、西配殿后,面对墙壁轻声说话,双方均能清晰地听到对方的声音,一呼一应、一问一答,妙趣横生	1
	P30-31	1742年,瑞典物理学家……创立了摄氏温标……叫做1摄氏度。根据不同的测量要求……可以在离开人体后读数	1
	P26	声呐。蝙蝠总是在夜幕降临后活动,它能在黑暗中捕食飞虫。将它的眼睛蒙住后,它仍能在布满纵横交错绳的空间来回穿梭而不会碰到细绳。是什么使它具有如此高超的本领?20世纪中叶,科学家研究发现,蝙蝠能够发射超声波并接收由目标反射回来的超声波,由此判断目标的方位和距离	1
	P34	我国新疆的吐鲁番地区夏季炎热……修建了庞大的地下灌溉工程——坎儿井	1
	P43	人工降雨有三种常用方法:一种是向云层中播撒冷却剂,如用飞机在适当的云层中播撒干冰,从而形成降雨;还有一种方法是,用飞机在适当的云层中直接喷洒直径约为0.05 mm的小水滴,使云层中的小水滴相互合并变大,从而形成降雨	1
	P50	华氏温标是德国物理学家华伦海特创立的;为了测量高温物体的温度……光测温度计……测量范围可达800~3 200度	1
	P51	"热棒"成为不用电的"空调器"……断地将路基中的热散发到空气中,使路基的温度基本不变,从而保证了路基的坚固、稳定	1
	P59	红外探测器。1987年,我国大兴安岭发生特大森林火灾时……为扑灭大火创造了有利条件	1
	P60	某些动物(如响尾蛇)……发明了一种导弹……并进行有效攻击	1
	P60	1801年,德国物理学家里特偶然发现,放在太阳光色散光带紫光外侧的照片底片被感光了。里特没有忽视这个小问题,他反复进行研究,终于发现了这里有一种不可见光——紫外线	1
	P65	知道了光速后,人类利用光制造出能测量远距离的"尺"——激光测距仪	1
	P73	利用凹面镜对光的……避免交通事故的发生	1
	P76-77	利用物理学得出的天体运行规律,推算出历史上日食、月食发生的年代,再结合文献、考古等方面的研究成果确定了夏、商、周三个王朝的确切年代	1
	P91	照相机是利用……缩小的实像	1
	P94	1608年,荷兰的一位眼镜制造师无意之间通过凹透镜(作为目镜)和凸透镜(作为物镜)看远处的物体时,意外地发现远处的物体变近了,从而导致了望远镜的发明	1
	P95	1668年,牛顿用金属磨成的……制造了第一台反射式望远镜	1
	P96	显微镜可以帮助我们……人眼就可以看清楚了	1
	P99	18岁那年,有一次在比萨教堂……摆振动的等时性……为摆钟的发明提供了理论依据	1
合计			22
科学理论			
科学定律			

附录3　5个版本初中物理教材（八年级上册）中不同水平问题的分析情况

表9　北师大版初中物理教材（八年级上册）中不同水平问题的分析情况

页码	输入水平	页码	加工水平	页码	输出水平
P7	这些雪、冰、霜、雾都是水的不同状态，他们的产生和变化遵循什么规律呢？	P9	感觉一下它们的温度是否相同。你认为用手的感觉判断水的温度高低可靠吗？	P22	在高山上会出现许多怪现象：开水不烫手，你有什么解决办法吗？
P8	这些物质的状态有什么特点？观察图1-1所示的各种物质，思考一下，这些物质的状态有什么特点？	P12	举出物态变化的实例并与同学们交流讨论	P31	请与同学们交流生活中的节水措施。
P9	怎样判断一个物体或环境温度的高低呢？	P17	能否用铭制的容器熔化铜或锡？在南极考察站能使用水银温度计测室外的温度吗？	P35	作业3
P12	观察图1-8各种情景，哪种情景中温度计的使用和读数是不正确的，为什么？	P18	作业1	p79	实践活动1
P13	作业题3	P18	作业2	P86	实践活动2
P15	熔化是在什么条件下发生的？	P18	作业3	P91	实践活动
P15	融化的过程有什么特点？	P20	观察图1-15所示晾晒湿衣服的情景，你能说出有哪些因素影响了蒸发的快慢吗？	P104	作业4
P15	不同物质的熔化过程是否相同呢？	P21	在图1-17中做出曲线，从曲线中你能得出什么结论？	P108	测视力时要求人距离视力表5米但是房间可利用的宽度只有3米你能利用平面镜成像的规律解决这个问题吗？
P17	从实验现象及描绘出的图像可以看出……最后熔化为液体。	P23	通过这些现象你能说出发生液化的条件吗？		
P20	晒在太阳下的湿衣服会变干，衣服上的水到哪里去了？湿衣服变干和壶中的水变少的过程相同吗？	P23	有些水果或蔬菜常用纸或塑料袋包装，并放入冰箱或冷藏室，这是为什么呢？		
P21	填空	P23	你能说出如图1-21所示的现象中"白气"和"水"是从哪里来的吗？		
P21	平时我们说水"开"了，就是水"沸腾"了。使液体沸腾需要什么条件？液体在沸腾时有什么特征呢？	P23	冬天手冷时，用嘴向手上"哈气"……都是从嘴中出来的气为什么有不同的感觉呢？		
P24	填表	P24	作业1		
P26	水能否在固态和气态之间直接发生物态变化？	P24	作业2		
P26	樟脑球会变小、冰冻的衣服变干说明了什么？碘吸热后发生了什么变化？该烧杯的玻璃片上出现了什么现象？这些变化和现象说明了什么？	P24	作业3		

续表

页码	输入水平	页码	加工水平	页码	输出水平
P26	观察碘发生了什么变化，这些变化和现象说明了什么？	P25	作业 4		
P27	作业 1	P27	图 1-26 是几种物质的升华或凝华现象，请你说出图中各是什么物质发生了升华或凝华。		
P27	作业 2	P28	作业 4		
P28	作业 3	P34	作业 1		
P75	声音是怎样产生的？物体发声时有什么特征？	P35	作业 2		
P76	在你说话时用手摸喉头会有什么感觉？鼓面放纸片击鼓时会看到什么现象？	P76	还可以观察其他发声的物体，找出他们共同的特征		
P76	敲击音叉，音叉发音，将细线悬挂的轻质小球与音叉接触，你会观察到什么现象？	P76	你知道各种乐器是靠什么发声的吗？你还能举出一些有趣的发声现象吗？		
P78	人怎么听到声音？	P79	想想顶上的许多吊板、墙面的特殊形状和材料，对于大厅的音响效果各起了什么作用？		
P77	两位同学可通过"土电话"进行交流……你能说出他们是通过什么物体或物质听到声音的吗？	p80	作业 4		
P77	你能再举一些气体、液体和固体传播声音的实例吗？	P81	如果站在偏离圆心的其他位置上拍手，还能听到三次回声吗？为什么？		
		P84	实践活动 1		
P77	真空能不能传播声音呢？	P87	作业 4		
P77	把正在发声的手机放在玻璃罩内，逐渐抽出罩内的空气，你听到手机的声音有什么变化？再让空气逐渐进入罩内，你听到的手机声音又怎样变化？	P87	作业 4		
p79	实践活动 2	P90	观察情景，说说可以从哪些环节减弱噪声吗？		
P80	作业 1	P91	作业 3		
P80	作业 2	P91	作业 3		
P80	作业 3	P101	作业 2		
P82	声音的高低是由什么因素决定的？	P101	作业 3		
P82	继续将钢尺缩短几次，注意听钢尺发出的声音高低有什么不同？	p102	每次反射角与入射角各有什么关系？		
p84	在鼓面上撒些纸屑，与听到的鼓声大小有什么关系？	P103	在桌面的同一位置放一张大小相同的白纸观察的现象有什么不同？想想其中的原因。		
P85	你能区分两种不同的乐器演奏是什么缘故？	P104	作业 1		
P86	电子琴为什么能模仿不同乐器的声音？	P104	作业 2		

续表

页码	输入水平	页码	加工水平	页码	输出水平
P87	作业1	P106	一支蜡烛放在平面镜前，使蜡烛离平面镜的距离变远，蜡烛的像到镜面的距离如何变化？		
P87	作业3	P107	镜子里的像的大小与蜡烛离镜面的远近有关系吗？镜子里的像与蜡烛左右关系一致吗？		
P88	在你的生活环境中，还有那些噪音的来源？	P107	实验中，为解决上述问题你选取了那些实验器材？		
P91	作业1	P108	改变物体与平面镜的距离，像的大小是否会改变？		
P96	实践活动1	P109	作业3		
P96	实践活动2	P109	作业4		
P97	光是怎样传播的？为什么物体会有不同的颜色？水中的倒影是怎么形成的？现代科技怎样利用光来为人们服务？	P113	将一根笔直的筷子斜放入水中，水中的筷子为什么会上翘？你能解释水中所示的现象吗？		
P98	你能猜出光源发出的光是怎样传播的吗？	P113	你能解释在很热的柏油马路上望见前面路上仿佛有一片水塘，当你走近时发现原以为是水塘的地方是干燥的这种现象吗？		
P99	从以上实验可知：……概括起来，可得出结论：光在均匀介质中是沿 ____ 传播的。	P114	将一枚硬币黏在杯子底部使硬币刚好被杯口边缘遮住看不见，往杯中加水后则能看见硬币，解释其原因。		
P99	你还能举出生活中光沿直线传播的实例吗？	P114	作业2		
P101	作业1	P115	作业3		
P101	水面上为什么会泛起粼粼波光？鸭子在水中的倒影是怎么形成的？光的反射现象有哪些规律呢？	P115	作业4		
P102	探究反射光线、入射光线和法线的关系。前后转动F，当F处于什么位置的时候可以在他上面看到反射光线？	P116	金刚石在阳光的照耀下发出彩虹般的颜色。这么美丽的颜色是从哪儿来的呢？阳光是由这些美丽的颜色组成的吗？		
P102	探究反射角和入射角的关系。当改变入射光线的方向时，反射光线的方向是否改变？				
P103	太阳光穿过教室的窗户射到桌面的小镜子，观察室内的墙壁，你看到了什么？				
P104	作业3				
P106	平面镜成像有什么特点？具体地说，像的位置有什么特点？像的大小有什么特点？				
p106	一支蜡烛放在平面镜前。若使蜡烛离……与蜡烛的左右关系一致吗？				
P107	填空				

页码	输入水平	页码	加工水平	页码	输出水平
P108	同学们各自的探究结果是否相同？				
P108	平面镜所成的像与物体是左右相反的吗？				
P109	作业 1				
P109	作业 2				
P111	光的折射现象有哪些规律？				
P111	如图 5-26 所示，用激光器射出一束光线，光从空气斜射入玻璃或水中，观察光线进入玻璃或水中后传播方向是否改变。如果传播方向改变，用什么方法描述这种改变呢？				
P112	填空				
P114	作业 1				
P118	观察与思考 1 这一现象说明了什么？				
P118	观察与思考 2 这一现象说明了什么？				
P119	作业 1				
P119	在没有其他光照射的情况下，舞台追光灯发出的红光照在穿白色上衣、蓝色裙子的演员身上观众看到他（　　）				

表 10　沪粤版初中物理教材（八年级上册）中不同水平问题的分析情况

页码	输入水平	页码	加工水平	页码	输出水平
P24	用手按住盘子，声音立即没了，你知道其中的奥秘吗？	P25	图 2-5（a）是音叉振动时示波器显示的声波波形，图 2-5（b）是同学唱歌示波器显示的声波波形。请比较一下，这两种波形是否相同？	P27	航天员在月球上和太空中是怎样相互交谈的呢？想一想，他们可用哪些方法进行交谈，并与同学交流
P24	现在你能理解帕斯卡的实验了吗？	P26	活动 3.C	P29	自我评价 5 题
P24	请你观察周围的发声现象，并找出其中的振动物体	P27	声音在固体、液体、气体中传播时，哪种传声效果最好？	P29	自我评价 6 题
P25	声音在空气中是怎样传播的？	P28	百米赛跑时……方法正确吗？为什么？	P34	自我评价 4 题
P26	活动 3.A	P29	自我评价与作业 2 题	P44	课外活动
P26	活动 3.B	P29	自我评价与作业 3 题	P50	自我评价 6 题
P30	课外活动中的问题	P29	自我评价与作业 4 题	P53	想一想中第二问
P29	自我评价与作业 1 题	P32	请试一试，在分别改变弦的长度、粗细、松紧程度等不同情况下，弦发出声音的音调有什么变化	P79	自我评价与作业 6 题
P30	声音为什么会有这些差别？我们应该怎样科学地区分它们呢？	P32	二胡、琵琶等……为什么能演奏出不同音调的乐曲呢？	P79	课外活动

续表

页码	输入水平	页码	加工水平	页码	输出水平
P31	声音的高低跟物体的振动情况有什么关系呢？	P34	自我评价与作业3题	P87	你所在地区的"热岛效应"明显吗？请进行调查研究，写出报告，再与同学进行交流
P32	观察小提琴、吉他等弦乐器的结构。想一想，为什么弦乐器上要安装几根粗细不同的弦呢？	P36	现实生活中……与同学交流	P94	自我评价与作业3题
P34	自我评价与作业1题	P37	图2-30所示是音叉、单簧管、小提琴所发出的声音在示波器上显示的波形，比较它们的异同	P94	自我评价与作业4题
P34	自我评价与作业2题	P38	自我评价2题	P94	自我评价与作业5题
P35	活动1.A			P95	课外活动
P35	活动1.B	P38	课外活动中的问题	P103	自我评价与作业2
P36	现实生活中这种现象很普遍，请你举出几个实例与同学交流	P44	自我评价与作业7题	P108	自我评价与作业1题
P37	欣赏扬声器播出的一段器乐合奏曲你能听出其中有哪几种乐器吗？	P48	太阳光传到地球上约为8分钟，算一算，太阳与地球之间的距离约为多少千米？	P108	自我评价2题
P38	自我评价1题	P34	自我评价3题	P108	课外活动1
P38	自我评价3题	P38	自我评价2题	P108	课外活动2
P38	自我评价4题	P44	自我评价4题		
P44	自我评价1题	P44	自我评价5题		
P44	自我评价2题	P44	自我评价7题		
P44	自我评价3题	P50	自我评价与作业1		
P44	自我评价6题	P50	自我评价与作业2		
P46	你还能说出光的其他一些用途吗？	P50	自我评价与作业4		
P47	那么，从光源发出的光是怎样传播的呢？	P50	自我评价与作业5		
P48	影子是怎样形成的？	P53	如果大家都在亮处……同学们不妨试试，并想想其中的道理。		
P48	光瞬息可达，它的传播也需要时间吗？	P53			
P49	天地万物，五光十色，这是怎么回事呢？	P55	自我评价1题		
P50	自我评价3题	P55	自我评价2题		
P51	光在同一种均匀介质中是沿直线传播的，如果传播到两种介质的分界面时，情况又会怎样呢？	P55	自我评价3题		
P52	活动2	P55	自我评价4题		
P56	活动1	P58	你还能再列举一些有关平面镜成像的应用实例吗？请联系生活实际，与同学相互交流		

续表

页码	输入水平	页码	加工水平	页码	输出水平
P57	观察并研究像与物的大小有怎样的关系	P58	分别将一把不锈钢勺子……这两次看到……成像相似？		
P57	把蜡烛 A 沿直尺前后移动……观察像的大小有无变化	P59	哈哈镜的反射面……并与同学进行讨论交流。		
P57	移走蜡烛 B……在纸上能呈现出像吗？	P59	自我评价与作业 1		
P58	你还能再举一些有关平面镜的应用实例吗？	P59	自我评价与作业 2		
P58	分别将一把不锈钢勺子的凸面和凹面对着自己……道路反光镜的成像相似？	P59	哈哈镜的反射面是弯曲的……请实际考察一下，并与同学们交流讨论。		
P60	光传播到介质的两种分界面时，除发生反射现象外，还会发生什么现象呢？	P59	自我评价与作业 3		
P61	在图 3-38（b）中，将一枚硬币放在不透明……你又能看到它了吗？	P60	自我评价与作业 4		
P62	活动 2	P60	自我评价与作业 5		
P64	自我评价与作业 1 题	P60	课外活动		
P64	自我评价与作业 2 题	P61	请你想一下，这可能是什么原因造成的？		
P64	自我评价与作业 3 题	P65	课外活动		
P64	自我评价与作业 4 题	P69	自我评价与作业 4 题		
P64	自我评价与作业 5 题	P69	课外活动中的问题		
P66	活动 1	P70	请把你的实验方案写在右面的方框中		
P67	用这种方法测量焦距，影响测量准确度的主要因素有哪些？	P72	自我评价与作业 1 题		
P68	自我评价与作业 1 题	P72	自我评价与作业 2 题		
P68	自我评价与作业 2 题	P72	自我评价与作业 3 题		
P69	自我评价与作业 3 题	P72	自我评价与作业 4 题		
P71	当物距 u 小于焦距 f 时，在光屏上会出现烛焰的想吗？	P73	自我评价与作业 5 题		
P72	分析与论证	P74	参照图 3-65、图 3-66 分析并讨论：为什么近视眼镜的镜片是凹透镜，而远视（老视）眼镜的镜片是凸透镜？		
P73	你了解眼睛的结构吗？	P78	自我评价与作业 1 题		
P75	你是否使用过照相机？你了解照相机吗？	P79	自我评价与作业 2 题		
P79	自我评价与作业 4 题	P79	自我评价与作业 3 题		
P81	什么是温度？怎样才能准确测量物体的温度呢？	P79	自我评价与作业 5 题		
P82	活动 1	P85	怎样才能使测得的温度更准确？		
P82	你知道这支温度计上的符号℃是什么意思吗？	P85	它的构造与一般温度计有什么不同？		

续表

页码	输入水平	页码	加工水平	页码	输出水平
P82	这支温度计可测量的最高温度和最低温度分别是多少？	P85	请你用体温计分别测出自己的口腔温度和腋下温度。两者是否相同？如果不同，相差多少？		
P82	它的分度值是多少？	P87	自我评价与作业3题		
P85	仔细观察……测量范围和分度值各是多少？	P88	请观察图4-14，并讨论一下，液体蒸发的快慢跟哪些因素有关？你能再举出些类似的例子吗？		
P86	自我评价与作业1题	P90	请总结一下，液体的汽化有哪两种方式？它们各有什么特点？		
P86	自我评价与作业2题	P91	水烧开时……这个事实说明了什么？		
P87	自我评价与作业4题	P92	这个实验说明了什么？		
P87	自我评价与作业5题	P92	有些医院和宾馆利用高温……你知道这是什么道理吗？		
P89	现在农村地区为了节约用水，常用管道代替沟渠输水。这种输水方式有什么好处？为什么？	P94	自我评价与作业2题		
P89	我们在烧开水时，可以观察到水沸腾时的汽化现象比蒸发更明显。这种汽化过程有什么特点？	P97	中学科学教材中科学探究评价指标的建构和完善研究下，海波的凝固有什么特点？请你对下面几位同学的讨论作出评价。		
P92	蒸发是否也需要吸收热量呢？	P99	自我评价与作业2		
P92	在皮肤上擦一点酒精，为什么会感到凉？	P100	自我评价与作业3		
P92	找两支相同的温度计……示数一样吗？	P100	自我评价与作业4		
P93	自我评价与作业1题	P100	课外活动		
P96	以海波（硫代硫酸钠）晶粒为研究对象，它在熔化为液体的过程中，温度会不断升高吗？	P102	你还能举出一些升华和凝华的具体事例吗？		
P99	自我评价与作业1	P103	自我评价与作业3		
P100	图4-33所示的是生活中常见的现象，你留意过它们吗？从物态变化的观点来看，这是怎么回事呢？	P103	自我评价与作业4		
P101	固态的冰直接变成气态的水蒸气，是冰的升华。现在，你能解释图4-33（a）（b）所示的现象了吗？	P103	自我评价与作业5		
P101	在一个搪瓷杯里盛一些冰和盐的混合物，过一会儿，在搪瓷杯的外表……				
P102	自我评价与作业1				
P108	自我评价与作业3				

表 11　教科版初中物理教材（八年级上册）中不同水平问题的分析情况

页码	输入水平	页码	加工水平	页码	输出水平
P36	什么是声？声来自哪里？它是如何传播与接收的？	P37	如图 3-1-8 所示，把一个电铃放入扣在抽气盘上的玻璃钟罩内，通电以后我们可以听到电铃发出的声音。然后用抽气机从钟罩内往外抽气，这时会有什么发现？	P40	用一段文字来描述你感受到的声音世界
P39	如图 3-1-1 所示，百米赛跑时，在终点计时的小明先看到发令枪冒烟，后听到枪声。这个现象说明了什么？	P37	停止抽气，让空气重新进入玻璃钟罩内，我们听到的铃声会怎么变化？	P48	发展空间：通过这项研究，对降低噪声源（如电动机）的噪声你能提出一些解决方法吗？
P41	音调的高低取决于什么呢？	P38	和同学讨论，这个现象说明了什么？	P53	发展空间：如果用木板、塑料板、金属板、泡沫塑料、海绵等替代镜子，会得出什么结果？写出你的实验结果与看法。
P42	音调跟声源振动的快慢有什么关系？	P40	雷雨中，小明看到闪电后 2.5 s 才听到雷声。声音在空气中的传播速度为 340 m/s，响雷处距离小明有多远？	P59	玩具枪和激光器组合，你能想出什么小发明？
P42	如图 3-1-2 所示，先拨动绷紧的细橡皮筋，再拨动绷紧的粗橡皮筋。哪根橡皮筋振动得快？哪根橡皮筋的音调高？	P45	物理在线：通过互联网查阅古代乐器情况	P61	想想看，两块平面镜怎样组合才能把射向它的光偏转 180°，沿原方向反射回去？
P43	响度与什么有关呢？	P53	物理在线：查阅互联网，了解古代建筑中的声现象	P64	如图 4-2-16 所示，分析自行车的尾灯，探究其中的奥秘，并告诉你的家人和朋友，提醒他们注意夜间骑车的安全。
P46	想一想，你的生活环境中，哪些是噪声的来源？	P57	根据以上实验和图片资料，关于光的传播径迹你有什么认识？和同学讨论交流	P65	为了弄清这个问题，小聪和小明决定设计实验来探究。小明在桌上铺一张白纸，纸上竖直立了一块平面镜，在镜前放了一支点燃的蜡烛。可是手不能伸到镜中，怎样来测量镜中的像的大小和位置呢？
P49	如图 3-4-3 所示，将两个频率相同的音叉靠近放在桌上，用橡皮槌敲击其中一个，使其发声。然后再把橡皮槌压在此音叉上，使它停止振动。这时，会发生什么现象？	P58	讨论交流：观察图 4-1-7，和同学们一起讨论……是怎样利用光来传播信息的？	P67	用平面镜还能设计一些小的发明（图 4-3-7），你也试试看
P56	光从哪里来？光是怎样传播的？光的速度有多快？	P59	室内一盏电灯通过木板隔墙上的两个小洞，透出两条细光束（图 4-1-10）。根据这两条光束的方向，画出电灯的位置。	P66	猜想需要用实验来验证。对小聪的猜想，你怎样来检验？
P57	光可以在空气、水、玻璃等透明物质中传播，这些透明物质叫做光的介质。光在同种介质中一定沿直线传播吗？	P59	光在 1s 内传播的距离大约相当于地球赤道长度的多少倍（地球的半径约 6 371km）？	P68	走向社会：如果太空镜足够多，就可能把我们的地球照耀成"不夜之球"。但是，如果地球上没有了黑夜，地球会发生什么变化呢？气候会变暖吗？如果南极的冰川融化，陆地会不会被淹没？对地球上的动植物会有什么影响……

页码	输入水平	页码	加工水平	页码	输出水平
P58	图 4-1-6 你玩过手影游戏吗？请用光的直线传播来解释。	P62	在较暗的教室里，把一个小平面镜粘在白纸上，然后将白纸挂在黑板上。用手电筒的光照射白纸和平面镜。你发现了什么？	P70	小猫叉不着鱼，很是奇怪。你知道其中的道理吗？把你的想法和同学进行交流
P59	发展空间：应用小孔成像的原理，你可以自制一个针孔照相机：做两个可以套在一起拉动的硬纸筒，外筒的前端蒙一块带针孔的黑纸；内筒的一端蒙一块半透明的纸。将针孔对准明亮的景物，在半透明纸上，你会看到什么样的图像？	P64	入射光线跟镜面的夹角是 30°（图 4-2-17），则反射光线跟镜面的夹角是多少度？	P80	发展空间：家庭实验室
P60	关于光的反射，你发现了什么规律？	P64	如图 4-2-13 所示，太阳光与地面成 60°角，小聪想用一个平面镜把太阳光竖直反射到井底。平面镜该怎样放置？画出平面镜，并标出入射角、反射角和法线	P81	请你用实验验证某同学的近视镜是凸透镜还是凹透镜。写出探究的过程及结论
P60	一束光射到平面镜上，会向什么方向反射？	P67	图 4-3-5 的模拟实验，对画出平面镜所成的像有什么帮助？请和同学们进行讨论交流	P81	走向社会：……了解有关信息，发表你的看法
P62	交流讨论中的问题	P68	检查视力时，要求人与视力表间的距离是 5m。现在使用一个平面镜（图 4-3-10），视力表到镜子的距离是 3m，人到镜子的距离应该是多少米？	P87	请同学们为联欢会设计一套晚会灯光
P64	我们为什么能从不同方向看到本身不发光的物体？	P69	如图 4-4-4 所示进行实验，观察当光从空气射入玻璃中时，同入射光线相比，折射光线是偏离法线还是靠近法线？入射角逐渐增大时，折射角如何变化？	P94	发展空间：家庭实验室—太阳能净水器
P66	你的实验结论和他们的结论相同吗？	P71	自我评价 1 题	P95	走向社会：了解一天中气温的变化规律
P67	图 4-3-5 的模拟实验，对画出平面镜所成的像有什么帮助？请同学们进行讨论交流。	P77	自我评价 1 题	P106	在荒岛上，鲁滨逊用甘蔗酿了美味的甘蔗酒。如果普滨逊发现了一架可用酒精作燃料的飞机，请你设计一个从酒中分离出酒精的方法，帮他离开荒岛
P68	"哇！这是镜子里面的钟呀？"你能帮小爱丽丝读出钟表的时间吗？	P77	在森林中旅游时，导游会提醒你，不要随意丢弃饮料瓶。因为下雨时瓶内灌了雨水，烈日出来后，可能会引起森林大火。这里面有什么道理？	P106	减慢水分的蒸发是盆栽花卉管理的关键。和你的同学一起来讨论，采用哪些方法能减慢水分的蒸发，并设计给花卉浇水的巧妙方案
P68	自我评价 1 题	P77	实像能用光屏承接。如果不设光屏，你能不能观察到实像？用类似图 4-5-13 的实验检验你的想法	P107	南极地区是冰的世界，冰川的厚度平均为 2 000m，年平均气温是 -25℃。这里降水量很小，和撒哈拉沙漠差不多，但有趣的是这里的空气感觉却很湿润。这是为什么？

续表

页码	输入水平	页码	加工水平	页码	输出水平
P70	交流讨论：如图4-4-7所示，在杯底放一枚硬币，把杯子移动到眼睛刚好看不到硬币的地方。保持眼睛和杯子的位置不变，请另一位同学缓慢地向杯里倒水，你会观察到什么现象？	P77	自我评价4题	P110	物理在线：湿地
P71	发展空间中的问题	P79	想一想，为什么近视眼看远处的物体会模糊，近视眼镜有什么作用？		
P71	自我评价2题	P81	正常眼睛观察物体最清晰而又不易疲劳的距离约为25 cm，叫做明视距离（distance of distinct vision）。根据近视眼的结构，分析近视眼的明视距离与正常眼的明视距离有什么不同		
P71	自我评价4题	P87	发展空间：……调出你想象的颜色		
P75	收集数据中的填空题	P94	发展空间：家庭实验		
P75	分析论证中的填空题	P95	观察图5-1-13，说说屋檐下的冰锥是怎样形成的		
P79	拿开眼镜，屏上的像有什么变化？	P95	夏天，从冰箱中取出饮料瓶，可观察到瓶子表面有小水珠，擦干后很快又形成。你能解释这种现象吗？		
P80	想想看，奶奶的老花镜应该是凸透镜还是凹透镜？	P98	不同组选用了不同的材料，每组都得到一大堆数据，怎么比较？有没有一个直观的办法？		
P82	取两个焦距不同的凸透镜，通过两个透镜看远处的物体。调整两个透镜间的距离，你能看清远处的物体吗？如果不能，将两个透镜的位置对调，再调整两个透镜间的距离，有什么发现？	P99	回顾你的探究过程，看到温度计示数不变时，你有什么想法？在处理数据时，你是怎样把数据转换成图线的？		
P82	用一个凸透镜和一个凹透镜，你能做一架望远镜吗？试试看	P100	对火山周围由近及远分布的矿石熔点高低，你有什么推测？		
P84	一个凸透镜能放大物体，能不能用两个透镜把物体放得更大呢？这是个不错的想法。用两个焦距不同的凸透镜，你可以试一试	P101	自我评价1题		
P92	以下是实验中常用的玻璃液体温度计的说明书，对照温度计阅读说明书，你能描述它的构造吗？你知道它的量程吗？你知道它的分度值是多少吗？	P101	自我评价2题		
P97	铜和玻璃为什么要用不同的工艺来加工？	P102	分析水沸腾时温度随时间的变化有什么特点？		
P97	晶体和非晶体的熔化有什么不同的规律呢？	P104	水沸腾时温度不变，那么酒精灯所供给的能量跑到哪去了？		
P101	物理在线：太空材料	P110	自我评价2题		

页码	输入水平	页码	加工水平	页码	输出水平
P102	水沸腾后继续加热，是不是温度会越来越高呢？				
P105	物态变化过程总伴随着能量的变化，液体在汽化过程中___热量，气体在液化过程中___热量。				
P109	考察报告：它们是否会给全球气候带来灾难性的影响？				
P110	自我评价1题				

表12 人教版初中物理教材（八年级上册）中不同水平问题的分析情况

页码	输入水平	页码	加工水平	页码	输出水平
	你知道声音是怎样产生的，又是如何被我们听到的呢？	P31	想一想，我们梳头、刷牙……各种声音是怎样传进大脑，产生听觉的？	P37	小小音乐会（课后题）
	你能说出一些物体发声现象的道理吗？比如，蝈蝈是怎么发声的？	P31	用手拨动绷紧的橡皮筋，我们听到了声音，同时观察到橡皮筋变"胖"变"虚"了，这是因为橡皮筋在振动。请你举出其他例子证明物体在振动，在你所举的例子中，说明是哪个物体振动发出声音的？	P41	以"声的利用"为关键词，查询有关资料，写出有关声利用的几个事例
	如果让发声的物体不再发声，又该怎么做？	P31	在室内讲话比在旷野里响亮，这是为什么？	P42	噪声是怎样产生的？它对人有哪些危害？怎样才能有效地防止或减弱噪声？
	人们听到声音时往往距发声的物体有一定的距离，那么声音是怎样从发声的物体传播到远处的？	P31	将耳朵贴在长铁管的一端……你会听到几次敲打的声音？试一试，并说明其中的道理	P44	把正在响铃的闹钟放入盒中，听听声音的变化。取出后，分别用报纸、海绵等不同材料包住它，再放入盒中，听声音的变化。由此你有什么启示？你能举出一些生活中采用不同方法控制噪声的实例吗？
	声音在空气中是怎样传播的呢？	P31	向前传播的声音遇到障碍物能发射回来。一个同学向一口枯井的井底大喊一声，约1.5s后听到回声，那么这口枯井的深度大约是多少米？	P45	学过"声现象"这一章后，请结合学过的知识，写一篇"无声的世界"或类似题目的科学文章
	用同一张桌子做实验。一个同学轻敲桌子（不要使附近的同学听到敲击声），另一个同学把耳朵贴在桌面上。由实验能得出什么结论？	P32	比较两种情况下钢尺震动快慢和发声的声调	P45	调查校园里或者你家周围有什么样的噪声。应该采取什么措施？与班里的同学交流，看看谁的调查更详细，采取的措施更好
	人靠耳朵听到声音，那么耳朵通过什么途径感知声音呢？	P33	换一个不同频率……波形有何不同	P49	观察图3-1-2中的各种温度计，说出它们的量程和分度值各是多少？为什么这样设计它们的量程和分度值？
	阅读课本中的声速表，你能获得关于声速的哪些信息？	P35	下面分别是音叉……边听边比较有何异同？	P52	不同物质在升高同样温度时……画出你的设计草图……有没有这样的寒暑表？

续表

页码	输入水平	页码	加工水平	页码	输出水平
P37	振动会发出声音，为什么我们听不到蝴蝶振动发出的声音，却能听到讨厌的蚊子声？	P52	某种昆虫靠翅的振动发声。如果这种昆虫的翅在 2s 内做了 700 次振动，频率是多少？人类能听到吗？		在教室挂一个寒暑表，在每个课间测出教室的温度，将数据记录在表格中。以横轴为时间、纵轴为温度，分别在图 3-1-9 上描点并画出晴天及阴天两种天气的温度—时间图像。通过比较，你能看出两种天气温度变化的规律吗？
P37	为什么用力鼓掌比轻轻拍掌发出的声音大？	P53	生活中经常用"高""低"来形容声音，如"女高音""男低音""引吭高歌""低声细语"。这四个词语中的"高""低"描述的是声音的哪些特性？		请同学们根据生活经验提出自己的猜想
P38	声音为什么会有音调高低的不同？什么因素决定音调的高低？	P55	除了人类，动物中也有不少利用声的高手，你能举出例子吗？		回想实验过程，有没有可能在什么地方发生错误？进行论证的根据充分吗？实验结果可靠吗？
P41	什么因素决定声音的响度呢？	P55	请你分析下列事例是利用声传递能量还是利用声传递信息。 (1) 利用超声给金属工件探伤； (2) 医生通过听诊器给病人诊病； (3) 通过声学仪器接收到的次声波等信息判断地震的方位和强度； (4) 利用超声波排除人体内的结石		与同学进行交流。你们的结果和别的小组的结果是不是相同？如果不同，怎样解释？
P41	观察一件乐器，它是由什么振动发出声音的？又是怎样改变音调和响度的？	P57	用超声侧位仪向海底垂直发射声波，经过 4s 后收到回波。如果海水中声音的平均传播速度为 1 500m/s，此处海水约有多深？		水的凝固点是 0℃，酒精的凝固点是 −117℃，小明把酒精和水的混合液体放入电冰箱的冷冻室（冷冻室的温度可达 −5℃）中，经过相当长的时间后，从冷冻室取出液体时，却发现混合液没有凝固。就这个现象你能提出什么猜想？根据这一猜想举出一个实际应用的例子
P42	蝙蝠通常只在夜间出来活动、觅食。但它们从来不会碰到墙壁、树枝上，并且能以很高的精度确认目标。它们的这些"绝技"靠的是什么？	P66	你周围有哪些噪声？请说说自己的感受并找到这些噪声的来源。		美丽的树挂、霜都是怎样形成的？请你动手做一做下面的实验，并思考形成霜的条件
P44	声波能传递能量吗？	P67	图 2-4-3 中控制噪声的措施分别属于哪一类？		调查学校和家庭水的使用情况，提出在生活中节约用水的若干建议
P45	将扬声器对准烛焰，播放音乐，你看到了什么现象？这说明了什么问题？	P63	为了使教室内的学生免受环境噪声干扰，采取下面的哪些方法是有效、合理的？如果你认为无效不合理，简单说明理由 (1) 老师讲话声音大一些； (2) 每个学生都带一个防噪声的耳罩； (3) 在教室周围植树； (4) 教室内安装噪声监测装置		吐鲁番是全国有名的"火炉"……请你分析一下坎儿井是如何减少水的蒸发的？

页码	输入水平	页码	加工水平	页码	输出水平
	噪声是怎样产生的？它对人有哪些危害？	P45	在安静环境里，测量你的脉搏在 1 分……测量一下	P75	有时，黑板反射的光会"晃"着一些同学的眼睛，为了保护……提出改变这种状况的建议
	那么你知道……之间如何转化吗？	P48	想想看，自制的温度计……来测量温度的？怎样利用自制温度计测量温度？	P83	海市蜃楼是怎样产生？
	人们有时凭感觉判断物体的冷热，这种感觉真的可靠吗？	P48	下表是自然界的一些温度，你能将括号中的空白填上吗？	P87	红外线、紫外线跟你的生活有什么联系？各举两例
	如上图所示，把两只手分别……对"温水"的感觉相同吗？	P50	在测量水的温度……错误在哪里？	P92	想一想，怎样用阳光测量凸透镜的焦距？
	观察图 3-1-2 中的各种温度计，说出它们的量程和分度值各是多少	P51	又如，炼铁时的温度高达 1 000℃以上，这时不能使用通常的温度计，因为玻璃会熔化。应该使用什么样的温度计呢？	P96	请根据本节课的"想想做做"，试着总结照相机、投影仪或幻灯机工作时是通过怎样的操作改变像的大小的
	图 3-1-8 中各个温度计的示数分别是多少？	P52	根据科学研究，无论采用什么方法降温，温度也只能非常接近−273.15℃，不可能比它更低。能不能以这个温度为零度来规定一种表示温度的方法呢？如果它每一度的大小与摄氏度相同，那么这两种温度应该怎样换算？	P96	手持一个凸透镜，在教室内的白墙和窗户之间移动（离墙近些），在墙上能看到什么？这个现象启示我们，阴天怎样估测凸透镜的焦距？为使估测更准确，操作时应注意什么？
	回想实验过程……实验结果可靠吗？	P53	结合生活中冰的熔化过程，想一想，冰的熔化需要什么条件，不同的物质熔化时温度会如何变化？	P99	小明同学在做探究凸透镜成像规律的实验中……你说呢？
	生活中我们会发现，洒在地上的水过一会就不见了，晾在太阳下的湿衣服不久后也干了。地上和衣服上的水到哪里去了呢？	P53	不同物质在由固态变成液态的过程中，温度的变化规律相同吗？	P99	应该如何做才能拍摄到天安门城楼的全景？
	你认真观察过水的沸腾吗？水在沸腾时有什么特征？	P56	在 图 3-2-5 中，EF、FG、GH 各段分别表示温度怎样变化？物质是在吸热还是在放热？物质处于什么状态？	P102	根据眼睛的构造和成像原理，和同学讨论为了保护我们的视力，应该注意哪些用眼卫生，应该注意哪些用眼卫生
	水沸腾后如果继续加热，是不是温度会越来越高？	P56	黑龙江省北部最低气温曾经达到−52.3℃，这时还能使用水银温度计吗？应该使用什么样的温度计？	P102	你能鉴别一副老花眼镜的两个镜片的度数是否相同吗？说明方法和理由
	把酒精擦在手背上，手背有什么感觉？	P57	日常生活中有哪些利用熔化吸热、凝固放热的例子？熔化吸热、凝固放热会给我们带来哪些不利影响？各举一个例子	P106	动手动脑学物理题2
	读过这篇文章后你认为下表中介绍的电冰箱会破坏臭氧层吗？你知道表中的"能效等级"是什么意思吗？	P57	在探究固体熔化过程温度的变化规律时，如果记录温度的时间间隔过长，可能带来什么问题？		

续表

页码	输入水平	页码	加工水平	页码	输出水平
	物质吸热后能不能从固态直接变为气态呢？气态能不能直接变为固态呢？	P57	图 3-2-6 是某种物质熔化时温度随时间变化的图像。根据图像的什么特征可以判断这种物质是一种晶体？它的熔点是多少？从晶体开始熔化到所有晶体完全熔化，大约持续了多长时间？		
	使用樟脑丸可以让棉毛织物等免受虫蚁的侵害。请分析樟脑丸变小的原因	P58	如图 3-3-1，在透明塑料袋中滴入几滴酒精，将袋挤瘪，排尽空气后用绳把口扎紧，然后放入热水中。你会看到什么变化？从热水中拿出塑料袋，过一会又有什么变化？怎样解释这些变化？		
	雨过天晴……桥梁？	P60	把酒精反复涂在温度计的玻璃泡上，用扇子扇，温度计读数有什么变化？如果温度计上不涂酒精，用扇子扇，温度计读数会变化吗？		
	你周围有哪些人造光源？	P60	纸锅烧水：实际做一做，说明纸锅为什么不会燃烧？		
	光在空气中沿直线传播，那么在液体中是不是也沿直线传播呢？	P61	图 3-3-5 中，人游泳后刚从水中出来，感觉特别冷；天热时，狗常把舌头伸出来。你能解释这些现象吗？		
	如图 4-1-5 所示，仔细观察……是怎样传播的？试着画一画。	P63	一块金属在冰箱中被冷冻后，取出放一会儿……能擦干吗？为什么？		
	想一想，你那时正在上几年级？	P63	盛一盆水，在盆里放两块高出水面的砖头……试分析简易冰箱的工作原理。		
	我们今天看到的麦哲伦……人类处于那个阶段？	P65	水的三态分别是冰、水和水蒸气。给图 3-4-2 填字，说明……		
	光年是什么物理量的单位？	P66	冻肉出冷库时比进冷库时重，这是为什么？		
	牛郎星和织女星的距离是多少千米？	P66	干冰具有很好的制冷作用，可用于人工降雨。这是由于干冰在常温下迅速变为气态，吸收热量，促使水蒸气遇冷凝结成水滴或小冰晶，从而达到降雨的条件。你能试着分析上面一段描述中包含了哪些物态变化吗？		
	为什么在形容一个数字很大、很大的时候，常说这是个"天文数字"？	P71	试着在图 4.1……能成这样的像		
	做一做手影游戏，用光的直线传播知识解释影子是怎样形成的？	P72	"井底之蛙"这个成语大家都很熟悉。请根据光的直线传播知识画图说明为什么"坐井观天，所见甚小"？		

续表

页码	输入水平	页码	加工水平	页码	输出水平
	光的反射遵循什么规律？也就是说，反射光沿什么方向射出？	P72	太阳发出的光，要经过大约8min才能到达地球。请你估算太阳到地球的距离。如果一辆赛车以500km/h的速度不停地跑，要经过多长时间才能跑完这段路程？		
	自行车尾灯的结构如图4-2-7所示，画出反射光线	P72	举出一些例子，说明光的直线传播在生活中的应用		
	雨后晴朗的夜晚，为了……请你依据所学光学的反射知识进行解释	P74	纸板ENF是用两块纸板连接起来的。把纸板NOF向前折或向后折，在纸板上还能看到反射光吗？		
	平面镜成像时，像的位置、大小跟物体的位置、大小有什么关系？	P75	有时，黑板反射的光会"晃"着一些同学的眼睛，请画出这种现象的光路		
	在上面的实验中，平面镜……好像有烛焰，这是为什么？	P76	光与镜面成30℃角射在平面镜上，反射角是多大？试画出反射光线，标出入射角和反射角。如果光垂直射到平面镜上，反射角如何射出？画图表示出来		
	试画出图4-3-9中……像	P76	如图4-2-8所示，小明想要利用……并标出反射角的度数		
	如图4-3-10所示……的位置	P76	激光测距技术广泛应用在……已知一束激光从激光测距仪发出并射向月球，大约经过2.53s反射回来，则地球到月球的距离大约是多少千米？		
	如果光从一种介质……情况又会怎样呢？	P78	在上面的实验中，平面镜后面并没有点燃的蜡烛，但是，我们却看到平面镜后面好像有烛焰。这是为什么？		
	光束进入水中以后传播方向是否发生了偏折？向哪个方向偏折？	P78	蜡烛及蜡烛的像……什么关系？		
	为什么池水看起来……浅呢？	P80	小芳面向穿衣镜站在镜前1m处，镜中的像与她相距多少米？若她远离平面镜后退0.5m，则镜中的像与她相距多少米？镜中的像大小会改变吗？		
	让一束太阳光……光有什么变化？	P80	检查视力的时候，视力表……与不同平面镜的方法相比，这样安排有什么好处？		
	图4-4-7中，哪一幅……	P80	潜水艇下潜后……它将经过怎样的路径射出？画出光路图来		
	一束光射向……玻璃后的光线	P82	鱼在哪里？		
	如图4-4-9，一束光射…将会如何移动？	P83	起初茶碗看起来是空的，但当你慢慢往茶碗中倒水时，就会发现碗中还藏着一枚硬币。想一想，这是为什么？		
	让一束太阳光照射到三棱镜上。从三棱镜射出的光有什么变化？	P84	小明在平静的湖边看到"云在水中漂，鱼在云上游"。请你说一说着这一有趣的现象是怎么形成的		

页码	输入水平	页码	加工水平	页码	输出水平
	动手动脑学物理第 2 题	P84	哪一幅图正确地表示了光从空气中进入玻璃中的光路？		
	那么凹透镜也能使光会聚吗？	P87	一束光射入杯中，在杯底形成光斑。逐渐往杯中加水，观察得到的光斑将会如何移动？		
	动手动脑学物理第 2 题	P93	甲、乙两个凹透镜的焦距分别是 3cm 和 5cm。画出平行光经过它们之后的光线。哪个凸透镜使光偏折的更显著些？		
	动手动脑学物理第 4 题	P93	要想利用凸透镜使小灯泡发出的光变成平行光，应该把小灯泡放在凸透镜的什么位置？试试看。在解决这个问题的时候，你利用了前面学过的什么知识？		
	观察时请注意，薄膜上的景物是不是倒立的？	P93	一束光通过透镜的光路如图 5-1-9 所示，哪幅图是正确的？		
	动手动脑学物理第 1 题	P98	继续向凸透镜移动蜡烛并调整光屏的位置，你总能在光屏上得到蜡烛的像吗？撤去光屏，从光屏一侧向透镜方向看去，能否观测到蜡烛的像？像在什么位置？		
	动手动脑学物理第 2 题	P98	像的虚实：凸透镜在什么条件下成实像？在什么条件下成虚像？		
	像的虚实、大小、正倒跟物距有什么关系？	P98	像的大小：凸透镜在什么条件下成缩小的实像？在什么条件下成放大的实像？有没有缩小的实像？		
	照相机、投影仪、放大镜的成像都遵循凸透镜成像的规律，说一说它们分别应用了凸透镜成像的哪个规律？	P98	像的正倒：凸透镜在什么条件下成正立的像？在什么条件下成倒立的像？		
	你知道眼睛是如何看到物体的吗？	P98	查看上表的数据，凸透镜成放大的像时，物距跟像距相比，哪个比较大？成缩小的像时，物距跟像距相比，哪个比较大？由此你可以得出什么结论？凸透镜所成的像有没有正立的实像？有没有倒立的虚像？		
	动手动脑学物理题 2	P99	如果把笔由靠近玻璃瓶的位置向远处慢慢地移动，你会看到什么现象？实际做一做，验证你的猜想		
	动手动脑学物理题 4	P99	与前面凸透镜所做的实验相比，这两个实验有什么共同之处？有什么不同？		
	动手动脑学物理题 1	P99	学习使用照相机，向有经验的人了解光圈、快门和调焦环的作用。"傻瓜相机"有没有光圈和快门？是不是需要"调焦"？		

续表

页码	输入水平	页码	加工水平	页码	输出水平
		P99	如果不改变发光体和凸透镜的位置，要在光屏上成清晰的像，光屏应该向哪个方向移动？		
		P102	正常眼、近视眼、远视眼的近点相同吗？有什么规律？		
		P102	300度和200度的眼镜片，哪个是远视镜片？它的焦度是多少，焦距是多少？		
		P102	取一副老花眼镜，测定它的两个镜片的度数。		
		P102	仔细观察近视眼镜和远视眼镜，它们有什么不同？度数深的和度数浅的有什么不同？		
		P104	为什么使用望远镜观察物体时会感到物体被放大了？		
		P104	取两个焦距不同的放大镜……你有什么新的发现？		

表13　苏科版初中物理教材（八年级上册）中不同水平问题的分析情况

页码	输入水平	页码	加工水平	页码	输出水平
P8	把手指放在喉结附近，说话时，手指有什么感觉？	P8	一张纸、一根橡皮筋、一个笔帽、一杯水，怎样使它们发出声音，比比看，谁的方法多？谁的方法与众不同？	P11	在太空中，离开空间站到舱外作业的航天员，在不借助其他设备的情况下，能够彼此交谈吗？
P8	将衣架悬挂在细绳的中央，当同伴……你能听到声音吗？声音是通过什么传到你的耳中的？	P8	物体发声与不发声时有什么不同？物体发声时有什么共同特征？	P11	随着现代科技的发展，声能的利用越来越广泛，试收集与声能利用有关的资料，并与同学交流
P8	猜一猜，当同伴再次敲击时，你还能听到衣架发出的声音吗？	P9	想一想，还有哪些实验或事实支持上述结论？	P15	自制简易乐器并给乐器分类；与同学讨论，如何给乐器分类
P8	声音能够在固体中传播吗？	P10	声音在空气中传播需要时间吗？有哪些现象或事实支持你的猜想？	P19	请对你所在学校的噪声情况做一个调查
P9	在水中摇动小铃铛，你能听到铃声吗？	P11	从唱歌、鼓掌……你能通过哪些方法利用身体发出声音？	P22	除了音乐家之外，还有哪些人的工作主要与声音有关？把这些工作列出来，并和同学讨论，找出一种给这些工作分类的方法
P9	将正在发声的手机或音乐芯片悬挂在广口瓶内，再抽出瓶内的空气，声音有何变化？	P11	你能用哪些方法使气球发出声音？试一试，并说明发声的原因？	P23	设计一种简易的方法测试各种材料的隔声性能，设计时注意……
P9	声音能在液体中传播吗？	P11	百米赛跑时，如果站在终点的计时员在听到发令枪声后才开始计时，那么他记录的成绩准确吗？为什么？应该如何计时？	P24	小活动：奇妙的传声气球。将一个气球放在机械手表与耳朵之间，相互贴紧。听一听，你有什么发现？能提出什么问题？
P9	声音能在真空中传播吗？	P13	钢质刻度尺伸出桌面较长时，声音较高还是较低？钢质刻度尺振动较快还是较慢？由此你有什么发现？	P33	查阅温室效应和……发表自己的看法

续表

页码	输入水平	页码	加工水平	页码	输出水平
P10	小华是在远处看到发令枪冒烟的同时听到枪声的吗?	P13	分别用几种不同的乐器演奏同一首乐曲,它们发出的声音有什么不同?	P41	想一想,熔化和凝固会不会对我们的生产和生活造成不利的影响?如何避免这些不利影响?
P12	敲鼓时,要使鼓声更响,你会怎样做?	P15	用一张硬卡片先后在木梳的齿上划过,一次快些,一次慢些,你听到卡片发出声音的音调有什么不同?	P43	电冰箱中的霜是如何形成的,查阅资料,与同学交流
P12	你的猜想对吗?换个声源(如锣、胡琴或音叉等),情况又会怎样?	P15	听听自己的声音:用录音机记录自己朗读或唱歌的声音,再播放出来,你觉得播放出来的声音和你直接听到的声音相同吗?让别的同学也听听,他们又有什么感觉?	P46	想一想,水还能为人类做什么?
P12	为什么唱到……上去了?	P15	聆听生活中常见动物发出的声音,根据这些动物声音的音调、响度,分别把它们的名称填在右边的四个方格内	P47	破坏和过度开发水资源会给人类带来哪些危害?
P12	有哪些基本特征?这些特征又与那些因素有关?	P15	把一个装有少量水的高脚酒杯放在桌面上,一只手按住高脚酒杯的底座,将另一只手的手指润湿后沿着杯口边缘摩擦(手指不要脱离杯口),使其发出声音,试一试,当高脚酒杯中的水量变化时,音调有何变化?	P47	请通过网络查询相关资料,了解过量开采地下水有哪些危害?
P13	将钢质刻度尺的一端紧压在桌面上,另一端伸出桌面,拨动钢质刻度尺使它振动,你能听到钢质刻度尺发出的声音吗?	P16	结合图1-17和自己生活中的感受,与同学讨论噪声的主要来源有哪些,并尝试将它们分类	P48	研究不同液体的冷冻情况。在四个透明的杯子(或小瓶)中分别装有等量的水、牛奶、糖水、食盐水,然后将它们放入冷冻室内。每隔一定时间打开电冰箱观察液体的状态。它们的凝固点是否相同?再用不同浓度的食盐水进行实验。看一看,食盐水的凝固点与其浓度有什么关系?
P13	改变钢质刻度尺伸出桌面的长,声音的高低有什么变化?	P18	想一想,以下各图中控制噪声的方法分别属于哪一种?(图1-19)	P48	综合实践活动1
P14	使几种不同的乐器(如笛子、口琴等)先后发出音调相同的声音,仅凭听觉能否分辨出某种声音是哪种乐器发出的?	P22	蝴蝶飞行时翅膀每秒振动5~6次,蜜蜂飞行时翅膀每秒振动300~400次,为什么我们凭听觉能发现飞行的蜜蜂却不能发现飞行的蝴蝶?	P48	综合实践活动2
P16	想一想在我们的生活中,有哪些声音属于噪声?	P23	按照你设计的方案进行实验,然后将所测试的材料按隔音性能由好到差的顺序排列起来,并与预测的顺序相比较,你的预测正确吗?什么样的材料隔声性能较好?	P48	综合实践活动3
P19	如图1-20所示,在城市高架道路或高速公路某些路段两侧设有3~4m高的透明板墙。安装这些板墙的作用是什么?	P24	回顾P9图1-4所示的实验,我们是如何知道声音不能在真空中传播的?你还有哪些证据说明这个结论?	P49	地球上的水很多,可是为什么人类还会面临"水荒"呢?想一想,你将从哪几个方面来说明这个问题?

续表

页码	输入水平	页码	加工水平	页码	输出水平
P19	为了控制噪声，许多国家制定了不同环境的噪声标准。查阅资料，了解我国制定的城市环境噪声容许标准	P29	不同状态的水，他们的形状、体积有何特征？	P73	光的反射可能会造成光污染……并写一份调查报告
P22	通常，人发出的声音的频率范围为 60～2500Hz。查阅资料，了解蝙蝠、海豚、狗、猫以及其他你感兴趣的动物发出的声音的频率范围，并与同学们交流	P29	你还能列举一些自然界和日常生活中处于不同状态的物质吗？	P74	根据观察到的现象得出结论，并应用所学的知识进行解释。建议根据探究过程写一篇小论文与同学交流
P23	聆听闹钟指针走动时的"咔咔"声……并盖上盒盖，你听到的声音有什么变化？	P30	议一议	P85	试设计两种简易的方法，辨别某一透镜是凸透镜还是凹透镜。用你所设计的方法辨别近视眼镜和远视眼镜的镜片，它们分别是凸透镜还是凹透镜？
P24	你是通过哪些事实知道声音是由物体振动产生的？	P32	观察厨房的物品……名称填入下表	P87	在利用太阳光测量凸透镜焦距时……请设计一个简易的实验，检验小华的推断是否正确。
P24	举例说明声源的振幅与频率分别主要影响乐音的什么特性？	P32	在搜索引擎……了解温度计的发展历史	P88	小明和小华在窗边用凸透镜……窗外景物倒立、缩小的像，这是怎么回事？
P29	水有哪些状态？	P33	给自己和家人测一次体温……使用上有何不同	P90	将上述实验结论与同学们交流。各自的实验结论是否相同？实验中还发现了哪些新问题？
P29	观察实验室常用的温度计，你能说出它的构造吗？	P33	在烧杯中倒入适量的热水……能发现什么？	P90	在"探究凸透镜成像规律"实验中，你也许已经发现……并简要说明实验步骤。
P31	你估算的结果准确吗？	P34	想一想，上述实验说……能支持你的结论？	P93	调查班上同学的视力情况……对用眼卫生等提出合理化的建议
P34	在手背上涂些酒精，有何感觉？	P37	"活动2.3"中是通过降温的方法使气体液化的。除此之外，还可以通过压缩体积的方法使气体液化	P97	在探究凸透镜成像的实验中……（1）提出猜想的依据；（2）……记录凸透镜成像的规律
P34	插入……温度计的示数怎样变化？	P37	在实验中，水汽化后状态发生了什么变化？需要什么条件？		
P36	如图 2-17 所示，在瓶口上方倾斜放置一个金属盘，观察金属盘的底面，你看到了什么现象？	P38	在标准大气压下，水沸腾时产生的水蒸气温度和水的一样……这是为什么？		
P36	水主要是……那么水蒸气是如何变成水的？	P38	查阅相关资料说明生长在沙漠中的仙人掌叶子作用		
P38	给病人检查口腔时……主要目的是什么？	P38	酒精灯的火焰能点燃纸……说明其中的道理		
P40	冰和烛蜡熔化时的温度变化各有什么特点？	P38	如图 2-25 所示……而靠近壶嘴的地方却没有白气		
P41	在生活中你会到……你想知道它们属于晶体还是非晶体吗？	P38	观察用蒸汽熨斗熨烫衣服的过程……说明熨烫优点		
P42	我们知道，固态物质吸热会熔化成液态，液态物质吸热会变成气态。那么，物质能否由固态直接变成气态，或者由气态直接变成固态？	P41	查一查我国北方的最低气温是多少？请说明……来测量气温		

续表

页码	输入水平	页码	加工水平	页码	输出水平
P42	密封的锤形玻璃泡内装有少量碘颗粒，对玻璃泡微微加热并仔细观察，碘的状态发生了什么变化？	P41	图 2-36 是一些小冰块的……哪些信息？		
P42	在整个过程中，你有没有看到液态的碘？	P43	如图 2-40 所示，舞台上……白雾是怎样形成的？		
P49	温度—时间图像是描述物态变化特点的一种重要方法。在本章学习中，你描绘了哪几种物态变化图像？试根据图像分析物态变化的特点。	P43	农谚说："霜前冷，雪后寒"……说明其中的道理		
P49	说明蒸发和沸腾的相同点和不同点，并说明你是如何知道液体蒸发会吸热的	P44	观察如图 2-41 所示的"水循环示意图"，将对应的物态变化名称填在图中的空格内。		
P54	观察下列各图并思考：不同光源发出的光，它们的色彩相同吗？	P47	在自然界的水循环中水的状态发生了哪些变化……填在图 2-50 中相应的方框内。		
P55	只将两种不同的色光混合，能否得到一种新的色光呢？	P47	生活中有哪些浪费水的现象，说说自己平时是如何注意用水的。		
P55	很多人认为，在五光十色的世界中，白光是最单纯的。真是这样的吗？	P48	制作"冻豆腐"，与普通豆腐相比，"冻豆腐"的形状发生了什么变化？		
P55	当太阳光通过红色（或蓝色、绿色）玻璃纸时，你会看到什么现象？	P48	研究不同液体的冷冻情况……食盐水的凝固点与其浓度有什么关系？		
P55	如图 3-6，观察置于三棱镜后的光屏，有什么现象发生？	P49	打开电冰箱门时，常会看到电冰箱门的附近出现一股"白气"。这种"白气"与热水瓶口出现的"白气"的形成过程有什么异同？		
P55	色散后的各种色光可以混合还原成白光。那么，只将两种不同的色光混合，能否得到一种新的色光呢？	P54	你是否想过，为什么我们看到的世界是五彩缤纷的？		
P56	如图 3-9 所示，将红、绿、蓝中任意两种色光照射到白纸上，相互重叠的区域是什么颜色？请将观察结果填入下表。	P55	怎样用简便的方法从白光中得到一种色光？		
P56	你的想法对吗？红色玻璃纸只能通过＿＿＿光；蓝色玻璃纸只能通过＿＿＿光；绿色玻璃纸只能通过＿＿＿光。	P57	为什么照在图片上的是白光，而我们看到鹦鹉身体各部分的颜色却各不相同？		
P56	试一试你的想法对吗？	P58	我国唐朝的张志和……记载"人工虹"，请你也来做一做		
P57	没有光照在图中的鹦鹉上时，你能看到它身上的颜色吗？	P58	太阳光能使物体发热……测一测你的猜想对吗？		
P57	在自然光条件下观察图 3-10 中的鹦鹉，它身体的各部分分别是什么颜色？	P62	天气预报中常出现的"紫外线指数"……它的含义是什么？查阅相关资料，与同学交流		
P58	向摄影师或……请教……使用后有什么特殊效果？	P62	红外线和紫外线还有哪些应用？请查阅相关资料		

续表

页码	输入水平	页码	加工水平	页码	输出水平
P58	用高倍放大镜观察……你看到了什么？	P65	如图 3-30 所示，怎样才能通过三个小孔看见烛焰？试一试		
P60	红光外侧存在红外线……也存在某种不可见光呢？	P65	如图 3-32 所示……怎样利用数据确定本地的正南正北方向？		
P62	电视遥控器是靠红外线……将你的发现记录下来。	P69	用反光纸制作柱面镜、哈哈镜，观察所成的像的特点，并与同学们交流		
P63	试一试，你能将物体的影子踩在脚下吗？	P69	查资料了解万花筒的构造和原理……制作一个万花筒		
P63	想一想，手影为什么会随手型的改变而改变？	P69	解开"储币魔箱"的秘密		
P63	影子的形成说明了什么？	P72	通过实验你会发现：镜面看起来竟是暗的，而白纸反而比镜面亮一些，这是为什么呢？		
P65	制作如图 3-31 所示的简易针孔照相机……记录你观察到的像的特点	P73	找出自己身边利用光的反射来工作的器具，并交流		
P66	平面镜所成的像有何特点呢？	P73	如图 3-53 所示……看看反射光线和入射光线在方向上有何关系？		
P66	回忆我们平时照镜子的情景，猜一猜，平面镜所成的像与物有什么关系？	P74	如何用实验来验证你的猜想？需要哪些实验器材？		
P66	怎样确定像的位置？怎样比较像与物的大小？	P74	想一想，光斑的形状是否与卡片到地面的距离有关？试一试，你有什么新的发现？		
P67	像和物的大小有什么关系？像和物的位置有什么关系？	P75	绿色植物需要利用太阳光进行光合作用……你认为这种看法对吗？为什么？		
P67	你是怎么知道平面镜所成的像是虚像的？	P75	如图 3-53 所示是一个魔术箱……制作这种魔术箱		
P68	想一想，平面镜在日常生活中有哪些应用？	P81	光从空气抖射入玻璃砖后，将向哪个方向偏折？当光从玻璃砖的另一侧射出时，又会向哪个方向偏折？试在图中画出你猜测的情况。		
P69	在图 3-43 中作出字母"F"通过平面镜所成的像。	P83	如图 4-2 所示，如果使光线……试一试，你的猜想对吗？		
P69	我国古代诗词中有许多与光现象有关的诗句	P83	如图 4-7 所示……想一想，这是什么原因？		
P70	什么情况下入射光与反射光重合？	P83	如图 4-8 所示……你看到的现象有什么变化？		
P70	当入射光从与反射光重合的位置偏转一定角度时，反射光的方向怎样变化？它们可能有什么关系？	P85	在同学们提出的方法中，你认为哪种方法好？		
P71	由上述实验可知：反射角与入射角的大小（相等／不相等）	P85	如图 4-12 所示是生活中常见的放大镜，它是凸透镜还是凹透镜？		

续表

页码	输入水平	页码	加工水平	页码	输出水平
P71	以法线 ON 为轴，将硬纸板的 B 面向后旋转，这时在 B 面上还能观察到反射光吗？由此可知：入射光线、反射光线和法线 ____ （在 / 不在）平面内	P87	如图 4-18 所示……		
P72	在暗室里……镜面和白纸哪个显得更亮？	P87	把小灯泡放在焦点处……通过试验验证你的猜想，比较图 4-13 和 4-19 你有什么新的发现？		
P73	自制简易的潜望镜	P87	通过放大镜观察近处的物体……是增大还是缩小？若继续增大……你看到像将怎样变化？		
P74	小明认为……对此你有什么看法？你认为影响光斑形状的因素有哪些？	P89	分析实验数据，你认为在何种情况下可以得到倒立、等大的像？请将测量的结果记录在下表中		
P74	移动覆盖的卡片……光斑的形状在什么情况下与孔的形状无关？	P90	如图 4-23 所示……说明平面镜和凸透镜投影仪工作过程的作用		
P75	我们为什么能从不同角度看到不发光的物体？为什么还能看到它的颜色？	P90	想一想，生活中还有……为什么要用凸透镜？		
P75	光线是真实的吗？为什么可以用……传播路径呢？	P92	由上述实验可知，近视眼在观察远处的物体时，物体通过晶状体所成的像落在视网膜的 ____ （前 / 后）方		
P80	从岸上看……实际深度要浅？	P93	如图 4-28 所示在水杯后面放置……并分析产生这一现象的原因		
P80	如图 4-1 中，在水槽底部 O 点处做一个标记……你看到的现象说明了什么？使激光束沿不同……是否发生偏折？	P97	在研究光的反射和折射时……来比较它们的特点？		
P83	如图 4-2 所示，如果使光线……沿什么方向从水面射出？	P98	玻璃杯中只有一条小鱼……可以经过哪些路径传播到观察者的眼中？		
P83	如果仔细观察你就会发现……并用箭头标出光的传播方向				
P83	如图 4-7 所示，将一枚硬币……你能再次看到它吗？				
P83	如图 4-8 所示，将一支笔……观察并描述你看到的现象				
P84	一束平行光（如太阳光）通过凸透镜，将会发生什么现象？				
P84	分别通过凸透镜和凹透镜观察书上的文字……通过 ____ 透镜所看到的物体的像是缩小的				
P84	如果把凸透镜换成凹透镜结果又会怎样？你的猜想对吗？				
P87	把小灯泡放在凸透镜的焦点上……将会怎样？				

续表

页码	输入水平	页码	加工水平	页码	输出水平
P87	在利用太阳光测量凸透镜的焦距时……你认为小华的推断对吗？				
P88	看来，凸透镜既能成正立、放……凸透镜成像到底有哪几种不同的情况？				
P88	使烛焰从距离凸透镜较……像的大小、正倒是如何随物距的减小而变化的？				
P89	当物距小于焦距时，移动光屏，在光屏上能看到烛焰的像吗？……你能直接在光屏上看到像吗？				
P90	将一个凸透镜正对着太阳……在凸透镜的另一侧将得到一个？（课后选择题）				
P91	在一张白色卡片纸的正、反面分别画……你看到了什么现象？				
P92	近视眼的缺陷表现为看不清____（远／近）处的物体。一般用什么方法才能看清楚？				
P93	有两位视力缺陷者……请在眼镜前画出透镜的示意图				
P93	人眼的晶状体相当于凸透镜，观察物体时，物体在视网膜上所成的像是（ ）				
P94	调换两个凸透镜的位置，看较近……你所看到的物体的像又有什么特点？				
P94	调节透镜之间的距离，直到看得最……你所看到的物体的像有什么特点？				
P97	从岸上看，为什么会……你能画出示意图来说明吗？				

附录4　5个版本初中物理教材（八年级上册）科学词汇量分析情况

（1）北师大版本初中物理教材八年级上册科学词汇量分析情况：

B型超声仪；γ射线探测器；凹面镜；冰水混合物；玻璃纤维；测微气压计；

超声波；超声波测速仪；超声波加湿器；超声探伤仪；次声波；大气压；单色光；导热性能；等离子弧；等离子态；等离子体；低频次声波；地震仪；电磁波；电流；电阻；电阻温度计；多孔材料；多孔塞膨胀法；惰性气体；二级燃料箱；二级氧化剂箱；二级主发动机；发光二极管；发散作用；发声物体；法线；反射；反射定律；反射光线；反射角；反射式望远镜；放热；放射性氙气体；沸点；沸腾；分贝；分度值；浮力；幅度；辐射式放热；辐射温度计；负电；固态；固体；光；光带；光导纤维；光路；光束；光线；光源；国际空间站；赫/赫兹；横坐标；华氏温度；回声；回声测距；会聚作用；激光；角反射器；介质；晶体；镜面反射；距离；绝对温度；均匀介质；开氏温标；乐音；雷达测速仪；冷凝；冷凝器；冷却剂；离子；漫反射；摩擦；凝固；凝华；频率；频谱；平面镜；气态；气体膨胀式温度计；气体温度计；气体压力式温度计；气压；汽化；球面镜；全反射；热辐射；热管；热力学温度；热胀冷缩；人工降雨；人工消雨；人工增雨；熔点；熔化；熔丝；入射点；入射光线；入射角；三级发动机；三棱镜；三原色；色散；摄氏温度；升华；生物识别技术；声波；声级；声呐；声速；声学；声音；声源；实像；示波器；双金属片温度计；速度；体积；体温计；凸面镜；温度；温度计；温度—时间图像；物态变化；吸热；响度；像；消声器；虚像；压力；压强；液化；液态；液态燃料；液体；液体温度计；一级发动机；一级燃料箱；一级氧化剂箱；阴极射线管；音叉；音品；音色；音调；音质；语音识别技术；噪声；噪声发声器；噪声监测仪；折射；折射角；振动；振幅；整流罩；正电；直角棱镜；指纹识别；制冷系统；助燃剂；纵坐标。

（2）沪粤版本初中物理教材（八年级上册）科学词汇量分析情况：

凹面镜；凹透镜；半导体；半反射镜；标准大气压；冰水混合物；叉股；超声波；次声；次声定位系统；次声监测系统；次声预报仪；粗准焦螺旋；单色光；电能；电子体温计；电阻；电阻温度计；发光二极管；发散作用；发声体；法线；反光镜；反射；反射定律；反射光；反射光线；反射角；反射面；放大镜；放热；非晶体；沸水；分贝；分度值；幅度；辐射温度计；复色光；感光；感光胶片；感光元件；隔声；固态；固体；光测高温计；光带；光导纤维；光合作用；光具座；光路；光能；光年；光屏；光圈；光速；光污染；光

纤；光学显微镜；光学仪器；光源；过滤器；哈勃空间望远镜；赫／赫兹；横坐标；红宝石激光器；红外测温计；华氏温标；回声；会聚作用；焦点；焦距；介质；晶体；镜面反射；绝对零度；乐音；冷凝器；漫反射；密度；能量；凝固；凝固点；凝华；凝聚；浓度；频率；平面镜；平面镜成像；气态；气体；气体温度计；汽化；潜望镜；球面镜；全反射；热岛效应；热风干手器；热辐射；热力学温标；热污染；热胀冷缩；人工降雨；人造卫星；容量；熔点；熔化；乳化；入射光线；入射角；三基色；三棱镜；散热装置；色光；色散；摄氏温标；升华；声波；声带；声光器件；声呐；声速；声音；声音频率范围；声源；实像；示波器；速度；太阳光聚焦法；太阳能电池；体积；体温；体温计；投影仪；透镜；凸面镜；凸透镜；完全反射镜；望远镜；卫星遥感图；温度；温度计；温度—时间图像；物距；物质结构；吸热；吸声；显微镜；线圈闪光管；响度；像；像距；消声；消音器；虚焦点；虚像；压强；液化；液态；液体；液体温度计；音叉；音乐；音品；音色；音调；噪声；噪声污染；折射；折射光线；折射规律；折射角；折射式天文望远镜；振动；振幅；蒸馏法；主光轴；纵坐标；坐标系。

（3）教科版本初中物理教材（八年级上册）科学词汇量分析情况：

凹透镜；标准大气压；冰水混合物；超声；超声加湿器；超声探伤仪；次声波；低温试验室；多孔材料；发散作用；发声体；法线；反射；反射定律；反射光线；反射角；反射望远镜；反噪声立体声耳机；反噪声器；放大镜；非晶体；沸点；沸腾；分贝；分度值；分子；幅度；感光胶片；感光器件；感温液；感应器；隔声；固态；光导纤维；光路；光屏；光谱；光速；光纤；光纤通信；光线；光学仪器；光源；哈勃太空望远镜；海域监测网；核试验监测网；赫兹；横轴；回声；会聚作用；激光；激光测距；激光垂准仪；激光光源；激光器；焦点；焦距；介质；晶体；镜面反射；距离；刻度标尺；乐音；量程；量角器；漫反射；明视距离；能量；凝固；凝固点；凝华；频率；平面镜；平面镜成像；气态；气体温度计；气温；汽化；热管；热胀冷缩；熔点；熔化；熔化；入射光线；入射角；三棱镜；三原色；色光；色散；摄氏度；升华；声波；声呐；声识别技术；声速；声音信号；声源；实像；示波器；太空材料；太空镜；太空炉；太阳能净水器；体积；投影仪；透镜；凸透镜；望远镜；温

度；温度计；温室效应；无线电波；物镜；物距；物态变化；吸声；吸液芯；显微镜；响度；像；像距；消声；消声器；小孔成像；虚像；液化；液态；音叉；音品；音色；音调；噪声；噪声强度显示仪；照相机；折射；折射光线；振动；振幅；纵轴。

（4）人教版本初中物理教材（八年级上册）科学词汇量分析情况：

B 型超声波诊断仪；凹面镜；凹透镜；便携式投影仪；标准大气压；冰水混合物；超声波；超声导盲仪；磁场；次声波；电荷耦合器件；电子体温计；额定电压；额定耗电量；发光二极管；发光体；发散；发散透镜；发声；法线；反光镜；反射；反射波；反射定律；反射光线；反射角；防噪声耳罩；放大镜；放热；非接触红外线温度计；非晶体；沸点；沸水；沸腾；分贝；分度值；分散；幅度；辐射；辐射温度计；感光板；感光胶片；感光细胞；感温元件；固体；光；光带；色散；光伏发电；光路；光年；光屏；光圈；光束；光速；光线；光心；光信号；光学；光学仪器；光源；哈勃太空望远镜；赫 / 赫兹；横轴；红外胶片；红外线；红外线夜视仪；回声；回声定位；会聚；会聚透镜；激光测距；激光测距仪；激光唱盘；激光脉冲束；激光束；焦点；焦度；焦距；介质；晶体；镜面反射；距离；绝对零度；可见光谱；刻度尺；乐音；量程；量角器；漫反射；明视距离；目镜；能量；能效等级；凝固；凝固点；凝华；频率；平面镜；气体；强度；球面镜；热电偶温度计；热谱图；热胀冷缩；人工降雨；熔点；熔化；入射光线；三棱镜；三原色；色光；射电望远镜；摄氏温度；升华；声波；声呐；声速；声学仪器；声音；实像；实验室用温度计；示波器；速度；塔式太阳能电站；体积；体温计；天文望远镜；投影仪；透镜；透镜焦度；凸面镜；凸透镜；万有引力定律；望远镜；温度；温度计；温度—时间图象；无线电；物镜；物距；物态变化；吸热；显微镜；响度；像；像距；消声器；虚像；液化；液晶；液面；液体；音叉；音色；音调；噪声；噪声监测装置；折射；振动；振幅；指针式寒暑表；制冷剂；重量；主光轴；主轴；紫外线；纵轴。

（5）苏科本初中物理教材（八年级上册）科学词汇量分析情况：

B 型超声波诊断仪；凹透镜；标准大气压；冰水混合物；玻璃砖；不可见

光；测温液体；叉股；超声波；超声波定位；超声波焊接器；超声波清洗器；超声波钻孔机；次声波；碘锤；碘化银；电能；电子温度传感器；电子温度计；二氧化碳；发散；发散透镜；法线；反射；反射定律；反射光；反射光线；反射角；反射式望远镜；防晒系数；放热；非晶体；沸点；沸腾；分贝；分度值；幅度；辐射；高倍双筒望远镜；隔声；隔振；光测高温计；光合作用；光能；光屏；光速；光污染；光线；光心；光学显微镜；光源；哈勃空间望远镜；赫 / 赫兹；横坐标；红外探测器；红外线；红外夜视仪；华氏温标；回声；会聚；会聚透镜；激光笔；激光测距仪；激光束；焦点；焦距；介质；镜面反射；开普勒天文望远镜；可见光；可见光污染；可听声；空间站；乐音；冷却剂；量程；滤色镜；漫反射凹面镜；明视距离；摩擦；目镜；能量；凝固；凝固点；凝华；频率；平面镜；平面直角坐标系；汽化；潜望镜；热棒；热岛效应；热辐射；热量；热效应；热胀冷缩；人工降雨；人造光源；熔点；熔化；入射光；入射光线；入射角；三棱镜；三原色；色光；色散；色调；射电天文望远镜；摄氏度；摄氏温标；升华；声波；声呐；声能；声强级；声速；声音；声源；实像；太阳能；太阳能电池板；太阳能发电站；天然光源；天文望远镜；投影仪；透镜；凸面镜；凸透镜；望远镜；温度；温度计；温室效应；物镜；物距；物态；物态变化；吸热；显微镜；响度；像；像距；消声；小孔成像；虚像；扬声器；液化；液柱；音叉；音色；音调；音域；荧光物质；有源消声技术；噪声；噪声监测仪；噪音；遮光屏；折射；折射角；折射式天文望远镜；真空；振动；振幅；主光轴；柱面镜；紫外线；紫外线指数；纵坐标。

附录5　教师调查问卷

敬爱的老师，您好！

　　在下列句子中如果您觉得某些句子所描述的情况非常不适合你，则请您在"完全不符合"所对应的 1 上面打"√"；如果有些句子在部分时候不适合您，则请您在"比较不符合"所对应的 2 上面打"√"；如果有些句子您不能确定，则请您在"不能确定"所对应的 3 上面打"√";如果有些句子对您来说比较符合,则请您在"比较符合"所对应的 4 上面打"√";如果有些句子对您来说非常适合,则请您在"完全符合"所对应的 5 上面打"√"。

注意:①每一题都要做,不要花太多时间去想;②所有的题目都没有"正确答案",凭您读完每一句子后的第一印象填答;③虽然没有时间限制,但应尽可能以较快的速度完成,越快越好;④切记凭您自己的真实感觉作答,在最符合自己情形的选项上打"√";⑤每一题只能打一个"√"。

年龄:＿＿＿＿性别:＿教龄:＿＿＿职称:＿＿＿＿＿所教授科目:＿＿＿＿

第一部分

下列句子所描述的是您对科学本质的看法,请您根据自己的情况选择同意程度。

表 14　对科学本质的调查问卷(教师)

	非常不同意	比较不同意	不能确定	比较同意	完全同意
1. 现在的科学知识是经过科学家多年重复实验证明的,所以一定是正确无误的	1	2	3	4	5
2. 在科学知识体系中,科学定律有着比科学理论更高的地位	1	2	3	4	5
3. 两个不同的科学家观察同一个自然现象,观察结果还是会有不同的地方	1	2	3	4	5
4. 科学学说就如艺术品,两者形成过程均展现出人类的创造性	1	2	3	4	5
5. 课本上的科学知识有一天可能会改变	1	2	3	4	5
6. 科学理论是对观测到的现象或是这些现象的规律的推断性解释	1	2	3	4	5
7. 科学知识是经过很长的时间,由科学家不断修正后产生的	1	2	3	4	5
8. 观察是在科学家心中的理论指导下进行的,因此,科学家无法做到完全客观	1	2	3	4	5
9. 科学家在科学探究的各个阶段都会运用其想象力和创造力	1	2	3	4	5
10. 观察是对感知器官获得的自然现象的描述	1	2	3	4	5
11. 科学知识的产生同样包含人类的想象力与创造力	1	2	3	4	5
12. 每个科学家对同一个实验的结果都会有相同的看法	1	2	3	4	5
13. 科学理论经过反复证明之后最终成为科学定律,即科学定律是被证明了的理论	1	2	3	4	5
14. 推论描述的不是感觉器官直接获得的,是对观察到的自然现象的主观推断	1	2	3	4	5
15. 科学知识是永恒不变的真理	1	2	3	4	5
16. 不论什么时间、在什么地方,科学家对同一个实验都应该得出相同的结果	1	2	3	4	5

续表

	非常不同意	比较不同意	不能确定	比较同意	完全同意
17. 科学的想象力贯穿于从发现问题、提出假设、设计实验、分析数据到解释证据及进行交流等的各个环节	1	2	3	4	5
18. 科学知识是可靠的、禁得起考验的，但并不是绝对的或确定无疑的	1	2	3	4	5
19. 科学家原有的经验和想法不会影响他对自然现象的观察	1	2	3	4	5
20. 科学定律是对看得见的现象之间关系的描述	1	2	3	4	5
21. 对于科学知识，我们根本不用怀疑是不是有错误	1	2	3	4	5
22. 观察和推论在本质上是相同的	1	2	3	4	5
23. 科学理论就是科学定律，二者之间没有差异	1	2	3	4	5
24. 人们对观察结果的期望常常会影响实际观察到的结果	1	2	3	4	5
25. 观察和推论完全不同。观察是对感知器官获得的自然现象的描述；而推论描述的不是感觉器官直接获得的	1	2	3	4	5
26. 科学理论和科学定律是不同类型的知识，他们之间并不会互相转化	1	2	3	4	5

第二部分

当您在教授物理或生物或化学或地理等科学课程时，下列描述的情况在多大程度上符合您！

表15　科学课程教学问卷

	完全不符合	比较不符合	不能确定	比较符合	完全符合
1. 我能就如何解释数据向学生提供多种建议	1	2	3	4	5
2. 我能给学生提供机会，鼓励他们对同样的现象做出不同的解释	1	2	3	4	5
3. 我能鼓励学生独立运用科学知识解释数据	1	2	3	4	5
4. 我能把科学问题和日常生活经验结合起来	1	2	3	4	5
5. 我能判断学生获得科学证据的方式是否是最好的	1	2	3	4	5
6. 我要求学生通过讨论来对新知识进行辩护	1	2	3	4	5
7. 我的学生可以独立地自己选择所要探究的问题	1	2	3	4	5
8. 我会提供机会让学生从观察和测量中获得证据	1	2	3	4	5
9. 我期望学生展示他们的探究结果	1	2	3	4	5
10. 我能给学生提供机会，让他们判断自己的科学解释是否有效	1	2	3	4	5
11. 我能引导学生提出有意义的科学问题	1	2	3	4	5
12. 我能给学生提供机会，向他人展示自己的探究结果和解释，并证明其数据收集的合理性	1	2	3	4	5
13. 我会组织一些探究活动，让学生搜集证据	1	2	3	4	5
14. 我能和学生讨论不同解释之间的关系	1	2	3	4	5

	完全不符合	比较不符合	不能确定	比较符合	完全符合
15. 我期望学生能独立运用科学知识来解释探究结果	1	2	3	4	5
16. 我能鼓励学生评价和质疑其他同学的探究结果	1	2	3	4	5
17. 我能引导学生根据问题选择最适宜的探究方法	1	2	3	4	5
18. 我能提供很多科学问题让学生去探究	1	2	3	4	5
19. 我能让学生独立提出要探究的问题	1	2	3	4	5
20. 我的学生能在老师的指导下充分利用数据做出科学解释	1	2	3	4	5
21. 我能引导学生确定要探究的问题	1	2	3	4	5
22. 我能引导学生通过科学探究加深对科学的理解	1	2	3	4	5
23. 我能指导学生根据科学知识对探究结果进行科学解释	1	2	3	4	5
24. 我期望学生能认识到解释与科学知识之间的关系	1	2	3	4	5
25. 我期望学生自己能独立提出科学问题	1	2	3	4	5
26. 我能指导学生对实验和观察证据进行科学解释	1	2	3	4	5
27. 我的学生会探究我提出的科学问题	1	2	3	4	5
28. 我的学生在老师的协助下能创造性地进行科学解释	1	2	3	4	5
29. 我的学生能从教学材料（例如课本）中获得科学证据	1	2	3	4	5
30. 我能鼓励学生收集恰当的数据来解释科学问题	1	2	3	4	5
31. 我能提供合适的理论模型让学生来解释科学证据	1	2	3	4	5
32. 我能指导学生清楚地表达他们的科学解释	1	2	3	4	5
33. 我给学生提供机会来反思自己的科学解释和探究方法	1	2	3	4	5
34. 我要求学生根据观察证据提出科学主张	1	2	3	4	5
35. 我期望学生去思考其他的合理解释	1	2	3	4	5
36. 我能帮助学生进行开放式、长期的科学探究	1	2	3	4	5
37. 为了使学生的探究更为有趣和有效，我能帮助学生进一步界定教学材料（例如课本）中提出的问题	1	2	3	4	5
38. 我能给学生演示如何把自己的困惑转化为科学问题	1	2	3	4	5
39. 我要求学生根据证据进行科学解释	1	2	3	4	5
40. 我能利用工作单作为教学工具帮助学生进行分析处理	1	2	3	4	5
41. 我的学生能根据科学知识进一步完善自己的解释	1	2	3	4	5
42. 我能向学生演示如何根据规定的步骤或程序向其他同学展示自己的探究结果	1	2	3	4	5
43. 我能向学生说明科学知识和他们的解释之间的关系	1	2	3	4	5
44. 我能给学生提供科学证据	1	2	3	4	5
45. 我的学生会对我提出的问题进行探究	1	2	3	4	5
46. 我的学生会对教学材料（如课本）中提供的问题进行科学探究	1	2	3	4	5
47. 我的学生能根据老师的指导对数据进行分析	1	2	3	4	5
48. 我期望学生能提出有利于拓展科学学习的问题	1	2	3	4	5
49. 我能给学生提供与探究问题有关的资料	1	2	3	4	5

续表

	完全不 符合	比较不 符合	不能 确定	比较 符合	完全 符合
50. 我的学生能利用各种资源向其他同学解释自己的探究结果	1	2	3	4	5
51. 我的学生能从给定的问题中选择他们感兴趣的问题进行探究	1	2	3	4	5
52. 我的学生能采用独特的方法分析老师提供的数据	1	2	3	4	5
53. 我的学生能根据证据资料形成自己的解释	1	2	3	4	5
54. 我能通过教学给学生提供证据资料	1	2	3	4	5
55. 我的学生能根据我提供的理论框架形成自己的解释	1	2	3	4	5
56. 我期望学生能根据给定的程序解释他们的探究结果	1	2	3	4	5
57. 我的学生可以自己决定哪些证据资料在解释探究结果时最有用	1	2	3	4	5
58. 我的学生可以自己设计方案，收集数据，进行科学探究	1	2	3	4	5
59. 我期望学生能和我一起合作对探究结果进行解释	1	2	3	4	5
60. 我的学生能根据各种资源分享并反思自己的解释	1	2	3	4	5
61. 我期望学生能利用网络或其他资源拓展他们的探究	1	2	3	4	5
62. 我能给学生提供指导，帮助他们形成自己的解释	1	2	3	4	5
63. 我能指导学生独立地评估他们的科学解释和现有的科学观点是 否一致	1	2	3	4	5
64. 我期望学生能和我共同讨论他们的科学解释	1	2	3	4	5
65. 我能指导学生如何展示自己的探究结果和解释	1	2	3	4	5
66. 我期望学生能对给定的探究问题进行精确界定	1	2	3	4	5
67. 我能向学生提供我对探究结果的解释	1	2	3	4	5
68. 我期望学生能按照给定的程序和步骤形成自己的解释	1	2	3	4	5
69. 我的学生能理解老师做出的解释	1	2	3	4	5

感谢您的参与，请您再检查一遍是否有漏答的题目！

附录 6 学生调查问卷 1

亲爱的同学，您好！

在下列句子中如果您觉得某些句子所描述的情况非常不适合你，则请您在"完全不符合"所对应的 1 上面打"√"；如果有些句子在部分时候不适合您，则请您在"比较不符合"所对应的 2 上面打"√"；如果有些句子您不能确定，则请您在"不能确定"所对应的 3 上面打"√"；如果有些句子对您来说比较符合，则请您在"比较符合"所对应的 4 上面打"√";如果有些句子对您来说非常适合，则请您在"完全符合"所对应的 5 上面打"√"。

注意：①每一题都要做，不要花太多时间去想；②所有的题目都没有"正确答案"，凭你读完每一句子后的第一印象填答案；③虽然没有时间的限制，但应尽可能以较快的速度完成，越快越好；④切记凭您自己的真实感觉作答，在最符合自己情形的选项上打"√"；⑤每一题只能打一个"√"。

学校：_____ 年龄：____性别：____期末物理成绩：____期末排名：____

第一部分

当你学完《初中·物理·第八册·上》之后，下列描述是否符合你？

表 16　学习效果问卷调查

	完全不符合	比较不符合	不能确定	比较符合	完全符合
1. 我能结合生活情景和所学知识提出要探究的科学问题	1	2	3	4	5
2. 我能在阅读科学家的研究报告的基础上提出要探究的科学问题	1	2	3	4	5
3. 我能根据要探究的科学问题提出明确的研究假设	1	2	3	4	5
4. 我能根据研究假设对实验结果进行预测	1	2	3	4	5
5. 我能理解科学探究中的自变量、因变量及其无关变量的含义	1	2	3	4	5
6. 我能根据研究目的辨别哪些变量是自变量、因变量及其无关变量	1	2	3	4	5
7. 我能根据研究假设对自变量和因变量进行操作、观察和测量	1	2	3	4	5
8. 我能根据探究需要自己去创造自变量和因变量	1	2	3	4	5
9. 我能根据探究问题自己设计实验程序	1	2	3	4	5
10. 我能根据探究问题自己设计实验控制无关因素	1	2	3	4	5
11. 我能根据探究问题自己选择该使用的实验仪器	1	2	3	4	5
12. 我熟悉探究所需仪器的功能及其缺点	1	2	3	4	5
13. 我能根据探究问题自己设计或改造所需要的仪器设备	1	2	3	4	5
14. 我能根据探究问题自己确定该记录哪些数据	1	2	3	4	5
15. 我能根据探究问题自己确定如何记录数据	1	2	3	4	5
16. 我知道该采取哪些措施避免出现观察偏差	1	2	3	4	5
17. 我能根据探究问题对数据进行恰当的数学处理	1	2	3	4	5
18. 我能根据实验结果判断是否验证了实验假设	1	2	3	4	5

续表

	完全不符合	比较不符合	不能确定	比较符合	完全符合
19. 我能结合所学知识对实验结果进行解释	1	2	3	4	5
20. 我能结合所学知识和已有科学家的相关研究来解释实验结果	1	2	3	4	5
21. 我能结合所学知识对实验结果提出多种解释	1	2	3	4	5
22. 我能理解要想推断实验结果是否验证了科学问题需要复杂的推论	1	2	3	4	5
23. 我能结合所学知识自己提出或修正理论来解释实验结果	1	2	3	4	5
24. 我能把相似但不完全相同的一系列实验的结果进行整合并解释	1	2	3	4	5
25. 我能把实验结果应用到日常生活中去	1	2	3	4	5
26. 我能在实验结果的基础上提出新的科学问题	1	2	3	4	5
27. 我知道每个实验都存在着一些不足	1	2	3	4	5
28. 我能以适当的方式向他人报告研究结果	1	2	3	4	5

第二部分

表 17　学生物质问卷调查

	完全不符合	比较不符合	不能确定	比较符合	完全符合
1. 在公共场合演节目和讲话，我想都不敢想	1	2	3	4	5
2. 当众说话会使我不舒服	1	2	3	4	5
3. 即使身处那些我过去曾应付的很好的场合，我仍然常常对自己没把握	1	2	3	4	5
4. 许多时候，我感到自己不像身边许多人那样有本事	1	2	3	4	5
5. 比起大多数人来，我更怀疑自己的能力	1	2	3	4	5
6. 我比我认识的多数人更自信	1	2	3	4	5
7. 有时我因为不想当众发言而回避上课	1	2	3	4	5
8. 我已经意识到，与同我竞争的大多数人相比，我并不是个好学生	1	2	3	4	5
9. 我喜欢仔细观察我没有看过的东西，以了解详细的情形	1	2	3	4	5
10. 我常想要知道别人正在想什么	1	2	3	4	5
11. 我喜欢做许多新鲜的事	1	2	3	4	5
12. 有很多事情我都很想亲自去尝试	1	2	3	4	5
13. 画图时，我很喜欢改变各种东西的颜色和形状	1	2	3	4	5
14. 我喜欢问一些别人没有想到的问题	1	2	3	4	5
15. 我长大后，想做一些别人从没做过的事情	1	2	3	4	5
16. 我对机器有兴趣，也很想知道它里面是什么样子，以及它是怎样转动的	1	2	3	4	5
17. 在学校里，我喜欢试着对事情或问题作猜测，即使不一定都猜对也无所谓	1	2	3	4	5
18. 为将来可能发生的问题找答案，是一件令人兴奋的事情	1	2	3	4	5
19. 我喜欢想一些没有在我身上发生过的事情	1	2	3	4	5

续表

	完全不符合	比较不符合	不能确定	比较符合	完全符合
20. 尝试新的游戏和活动，是一件有趣的事	1	2	3	4	5
21. 玩游戏时，我通常是有兴趣参加，而不在乎输赢	1	2	3	4	5
22. 当我看到一张陌生人的照片时，我喜欢去猜测他是怎么样一个人	1	2	3	4	5
23. 我喜欢利用旧报纸、旧日历及旧罐头等废物来做出各种好玩的东西	1	2	3	4	5
24. 对于一件事情先猜猜看，然后再看是不是对了，这种方法很有趣	1	2	3	4	5
25. 我喜欢探究事情的真假	1	2	3	4	5
26. 我喜欢与众不同的事情	1	2	3	4	5
27. 我不喜欢太多的规则限制	1	2	3	4	5
28. 我喜欢用相同的方法做事情，不喜欢去找其他方法	1	2	3	4	5
29. 我喜欢解决问题，即使没有正确答案也没有关系	1	2	3	4	5
30. 面对复杂的情况我常常优柔寡断、举棋不定	1	2	3	4	5
31. 当我决定做一件事时，就马上动手，决不拖延	1	2	3	4	5
32. 如果我借到一本引人入胜的小说，我会忍不住在上课时拿出来偷看	1	2	3	4	5
33. 如果事情不能一次完成，我会继续尝试，直到成功为止	1	2	3	4	5
34. 只要工作或学习需要，没有人强迫我，我也可以自觉坚持很久不看电视	1	2	3	4	5
35. 我会因为一些令人兴奋的念头而忘了其他的事	1	2	3	4	5
36. 我有时决心从第二天开始就做某件事，但到了第二天我的劲头就消失了	1	2	3	4	5
37. 我给自己订的计划常常不能如期完成	1	2	3	4	5

第三部分（样题）

下列句子中所描述的是您对科学本质的看法，请您根据自己的情况选择同意程度。

表18　对科学本质的问卷调查（学生）

	非常不同意	比较不同意	不能确定	比较同意	完全同意
1. 现在的科学知识是经过科学家多年重复实验证明的，所以一定是正确无误的	1	2	3	4	5
2. 在科学知识体系中，科学定律有着比科学理论更高的地位	1	2	3	4	5
3. 两个不同的科学家，观察同一个自然现象，观察结果还是会有不同的地方	1	2	3	4	5
4. 科学学说就如同艺术品，两者形成过程均展现出人类的创造性	1	2	3	4	5
5. 课本上的科学知识，有一天可能会改变	1	2	3	4	5
6. 科学理论是对观测到的现象或是这些现象的规律的推断性解释	1	2	3	4	5

续表

	非常不同意	比较不同意	不能确定	比较同意	完全同意
7.科学知识是经过很长的时间，由科学家不断修正后产生的	1	2	3	4	5
8.观察是在科学家心中的理论指导下进行的，因此，科学家无法做到完全客观	1	2	3	4	5
9.科学家在科学探究的各个阶段都会运用其想象力和创造力	1	2	3	4	5
10.观察是对感知器官获得的自然现象的描述	1	2	3	4	5
11.科学知识的产生同样包含人类的想象力与创造力	1	2	3	4	5
12.每个科学家对同一个实验的结果，都会有相同的看法	1	2	3	4	5
13.科学理论经过反复证明之后最终成为科学定律，即科学定律是被证明了的理论	1	2	3	4	5
14.推论描述的不是感觉器官直接获得的，是对观察到的自然现象的主观推断	1	2	3	4	5
15.科学知识是永恒不变的真理	1	2	3	4	5
16.不论什么时间、在什么地方，科学家对同一个实验都应该得出相同的结果	1	2	3	4	5
17.科学的想象力贯穿于从发现问题、提出假设、设计实验、分析数据和解释证据及其进行交流等各个环节	1	2	3	4	5
18.科学知识是可靠的、禁得起考验的，但并不是绝对的或确定无疑的	1	2	3	4	5
19.科学家原有的经验和想法不会影响他对自然现象的观察	1	2	3	4	5
20.科学定律是对看得见的现象之间关系的描述	1	2	3	4	5
21.对于科学知识，我们根本不用怀疑是不是有错误	1	2	3	4	5
22.观察和推论在本质上是相同的	1	2	3	4	5
23.科学理论就是科学定律，二者之间没有差异	1	2	3	4	5
24.人们对观察结果的期望常常会影响实际观察到的结果	1	2	3	4	5
25.观察和推论完全不同。观察是对感知器官获得的自然现象的描述；而推论描述的不是感觉器官直接获得的	1	2	3	4	5
26.科学理论和科学定律是不同类型的知识，他们之间并不会互相转化	1	2	3	4	5

感谢您的参与，请您再检查一遍是否有漏答的题目！

附录7 学生调查问卷2

亲爱的同学，你好！请你阅读以下两段材料，并回答每段材料后的问题。

材料一

科学过程性技能是指类似科学家进行科学研究的过程，具体包括以下七个过程：第一，通过阅读研究报告等在已有科学知识的基础上提出科学的研究问题；第二，根据研究目的对实验结果进行预测；第三，根据研究目的，确定研究的自变量、因变量和需要控制的无关变量；第四，设计详细的实验研究方案，包括选择恰当的实验仪器设备装置、进行客观的观察以及详细地记录观察结果；第五，根据研究目的，对实验获得的数据进行数学统计处理；第六，提出科学理论对实验结果进行解释；第七，公开发表科学研究结果。

通过对以上有关科学过程性技能相关知识的阅读，请你估计你所学习的科目对自己的科学过程性技能的影响程度的大小，总分为 100 分的话，请你对以下每个科目分别进行估计。

物理（　　　）分；生物（　　　）分；数学（　　　）分；语文（　　　）分；英语（　　　）分；历史（　　　）分；政治（　　　）分

材料二

科学本质是指有关科学知识和进行科学研究的一些特征，例如：第一，科学知识会随着科学进步而发生变化；第二，科学家的经验会影响他对自然现象的观察；第三，不同的科学家会对同样的数据做出不同的解释；第四，科学家要通过推论对观察到的现象进行分析发现事物或现象的本质；第五，科学研究的过程是一个充满想象和创造性的过程；第六，科学理论和科学定律是不同类型的知识，他们之间并不会互相转化，但他们都是合理的科学结论。

通过对以上有关科学本质知识的阅读，请你估计你所学习的科目影响你对科学本质的理解的程度，总分为 100 分的话，请你对以下每个科目分别进行估计。

物理（　　　）分；生物（　　　）分；数学（　　　）分；语文（　　　）分；英语（　　　）分；历史（　　　）分；政治（　　　）分

附录8　台湾地区 2008 年《中小学九年一贯课程纲要》中的分阶段能力指标举例

台湾地区《97 课纲》关于过程性技能和科学与技术本质的第四阶段（初中

一至三年级）的分阶段能力指标。

1. 过程技能：增进科学探究过程之心智运作能力。

第四阶段（初中一至三年级）

（1）观察

1-4-1-1 能由不同的角度或方法做观察。

1-4-1-2 能依某一属性（或规则性）去做有计划的观察。

1-4-1-3 能针对变量的性质，采取合适的度量策略。

（2）比较与分类

1-4-2-1 若相同的研究得到不同的结果，分析此不同是否具有关键性。

1-4-2-2 知道由本量与误差量的比较，了解估计的意义。

1-4-2-3 能在执行实验时，操控变因，并评估「不变量」假设成立的范围。

（3）组织与关联

1-4-3-1 统计分析资料，获得有意义的信息。

1-4-3-2 依数据推测其属性及因果关系。

（4）归纳、分析与推断

1-4-4-1 借由资料、情境传来的讯息，形成可试验的假设。

1-4-4-2 由实验的结果，获得分析的论点。

1-4-4-3 由资料的变化趋势，看出其中蕴含的意义及形成概念。

1-4-4-4 能执行实验，依结果去批判或了解概念、理论、模型的适用性。

（5）传达

1-4-5-1 能选用适当的方式登录及表达数据。

1-4-5-2 由图表、报告中解读数据，了解数据具有的内涵性质。

1-4-5-3 将研究的内容作有条理的、科学性的陈述。

1-4-5-4 正确运用科学名词、符号及常用的表达方式。

1-4-5-5 倾听别人的报告，并能提出意见或建议。

1-4-5-6 善用网络资源与人分享信息。

2. 科学与技术本质：科学是可验证的、技术是可操作的。

第四阶段（初中一至三年级）

3-4-0-1 体会「科学」是经由探究、验证获得的知识。

3-4-0-2 能判别什么是观察的现象，什么是科学理论。

3-4-0-3 察觉有些理论彼此之间逻辑上不相关联，甚至相互矛盾，表示尚不完备。好的理论应是有逻辑的、协调一致、且经过考验的知识体系。

3-4-0-4 察觉科学的产生过程虽然严谨，但是却可能因为新的现象被发现或新的观察角度改变而有不同的诠释。

3-4-0-5 察觉依据科学理论做推测，常可获得证实。

3-4-0-6 相信宇宙的演变，有一共同的运作规律。

3-4-0-7 察觉科学探究的活动并不一定要遵循固定的程序，但其中通常包括搜集相关证据、逻辑推论及运用想象来构思假说和解释数据。

致　　谢

《中学科学教材评价：科学探究主题》即将出版，心中不免喜忧参半。喜的是要感谢的人很多很多，希望他们与我共同分享这份心情；忧的是惶恐自己的作品贻笑大方。

感谢申继亮先生。《中学科学教材评价：科学探究主题》从选题、收集数据最终成文都是在老师的指导和帮助下完成的。老师身上的诸多品行对我影响至深，是我终身学习的榜样。对我影响最大的就是老师总是善于发现学生身上的优点，无论逻辑如何混乱，老师更多的是鼓励，并提出可行的改进思路。感谢我的妻子。这些年我们分多聚少，是她默默地承担起了照料家庭的重担，才有我的安心求知；是她承担起了教育儿子的责任，才有儿子的健康成长。真心地说一声，老婆辛苦了！感谢我的学生余薇和任闯，本书的文字校对工作主要是她们两个完成的，在这里说一声，辛苦了！感谢刘霞，无论我遇到什么困难，学习上的、论文上的或生活上的，首先想起的就是她，她也总是来者不拒，每次总能帮我解决难题。感谢陕西师范大学优秀著作出版基金（人文社科类）的资助，感谢科学出版社的乔宇尚编辑，她认真细致的工作作风是本书如期高质量出版的保证。

李西营

2016 年 12 月于陕师大教学一楼